마흔의 기쁨과 슬픔

흔들리는 딸의 마흔을 붙들어 줄 아버지의 고전 수업

# 마흔의 기쁨과 슬픔

**인해욱** 지음

유노
북스

# 딸에게서
# 나의 마흔을 보았다

"애들 먹는 음식이 좀 부실해 보이네."

오늘도 마흔을 넘긴 큰딸에게 싫은 소리로 인사를 하고 말았다. 다섯 살, 18개월을 넘긴 두 아이를 키우는 큰딸은 런던에 산다. 일주일에 한 번 모니터를 앞에 두고 만나는 시간은 늘 순식간에 지나가 버리는 아쉬운 시간인데 안 해도 될 말부터 해 버린 것이다.

"아빠, 치킨하고 버섯은 먼저 모두 먹었고요, 밥하고 브로콜리만 남은 거예요."

딸이 급히 변명을 한다. 그때 아내가 끼어들었다.

"얘, 그럴 때는 '아빠, 우리가 돈이 없어서 애들을 잘 못 먹여요!'라고 말해야지."

"하하, 알았어요. 다시 할게요. 아빠, 닭고기가 싸서 치킨 먹이는 거예요. 매번 와규나 좋은 소고기를 먹이기에는 돈이 없어서요."

나와 아내, 큰딸 모두 한꺼번에 웃음을 터뜨렸더니 모니터 속 손주들도 어른들 웃는 것이 마냥 즐거워 보였는지 함께 따라 웃는다. 그런데 이렇게 모두 다 같이 웃는 동안 가슴 한켠이 먹먹해졌다. 내가 마흔이었을 때 두 딸이 무슨 음식을 먹었는지 기억이 나지 않았다. 지금은 손녀들의 밥상을 살피며 무슨 반찬으로 밥을 먹는지, 영양은 골고루 갖췄는지 딸에게 잔소리를 하는데 정작 내 딸이 먹고 자란 음식은 머릿속에 전혀 남아 있질 않은 것이다.

나는 마흔에 오로지 일과 연구, 학자로서의 성취만을 위해 살았다. 동굴에 들어간 듯 연구와 학교에만 빠져 있었다. 그때는 내 일만을 바라보며 달려가는 것이 아버지의 역할이고 가장의 책임이라고 믿었다. 가족을 위해 더 나은 미래를 준비하는 것이 사랑이라고 생각했다. 조금만 더 주위를 둘러보았더라면 어땠을까. 딸들과 함께 마주 보며 먹는 한 끼가 얼마나 소중한 것인지 그때는 몰랐다.

큰딸은 연구 프로젝트를 진행하고 학생들을 지도하며 논문을 쓴다. 그러면서 동시에 두 아이의 엄마다. 아침에 아이들을 깨워 유치원에 보내고, 저녁에는 식사를 준비하고 아이들을 재운다. 그리고 나서야 비로소 자신의 일을 시작한다. 밤 열한 시, 열두 시가 돼서야.

큰딸이 나의 마흔을 반복하는 것을 보며 지금이라도 말해주고 싶은 것들이 많아졌다.

너무 늦게 깨달은 것,

내가 마흔에 알았더라면 좋았을 것.

삶은 단순히 버티고 견디는 것이 아니라는 것,

지금 이 순간도 충분히 소중하다는 것,

완벽한 내일을 위해 오늘을 희생할 필요는 없다는 것.


## 마흔, 인생 포트폴리오를 다시 점검하는 시간

공자는 마흔을 흔들림이 없는 나이, 불혹(不惑)이라 했다. 나는 금융학 언어를 빌려 이렇게 말하고 싶다. 마흔은 인생

포트폴리오를 다시 점검하고 '리밸런싱'하는 나이라고.

오늘도 마흔을 맞이한 수많은 사람이 분주하게 하루를 살아가고 있을 것이다. 아침 일찍 일어나 아이들을 깨우고 출근해 종일 일하고 퇴근 후에는 다시 저녁 준비, 아이들 돌보기 그리고 밤늦게 일을 마저 하다가 잠들 것이다. 너무 바빠서 자신을 돌아볼 시간도 없이. 하지만 내가 말하고 싶은 것은 지금이 인생에서 가장 중요한 시기라는 것이다.

"우물쭈물하다가 이럴 줄 알았다."

94세로 생을 마감한 조지 버나드 쇼가 묘비에 남긴 이 한 줄은 유머처럼 보이지만 사실 칼날처럼 날카롭다. 당신이 마흔을 넘겼다면 이 문장이 가슴에 박힐 것이다. 완벽한 때를 기다리며 미루고 주저하다가 결국 후회하는 인간 본성의 핵심을 꿰뚫는다.

호스피스 병동의 간호사들이 듣는 말기 환자들의 후회는 놀랍도록 비슷하다.

"다른 사람 기대가 아니라 내가 원하는 대로 살걸."
"그렇게 미친 듯이 일하지 말걸."

"사랑한다는 말을 더 자주 할걸."

그 누구도 "더 많은 돈을 벌지 못한 게 후회된다" 혹은 "높은 직급까지 올라가지 못한 게 아쉽다"고 말하지 않는다. 망설이다 하지 못한 일들, 미룬 사랑들, 포기한 꿈들을 이야기한다.

회사에서 인정받던 한 50대 팀장이 갑작스러운 심근경색으로 쓰러졌다. 중환자실에서 의식을 되찾은 그가 가장 먼저꺼낸 말은 뜻밖에도 이런 후회였다.

"은퇴하면 아내와 세계여행을 다니자고 했는데 은퇴를 5년앞두고 이렇게 될 줄은 몰랐어요."

다행히 그는 살아났다. 하지만 그 뒤로 그의 삶은 완전히바뀌었다.

먼저 물질에 대한 집착이 사라졌다. 수십 년 모은 물건들,한 번도 입지 않은 명품 옷들, 언젠가 읽겠다고 쌓아 둔 책들이 무의미해진 것이다. 대신 진짜 중요한 것들이 선명해졌다고 한다. 가족과의 식사 시간, 친구와 나누는 진솔한 대화,아침 햇살을 받으며 걷는 짧은 산책, 아내와 함께 마시는 커피 한 잔, 아이들의 웃음소리…. 그동안 언제나 할 수 있는 것들이라고 생각하며 지나쳤던 것들이다.

"죽을 뻔한 경험 후, 그동안 정말 중요한 것들 옆을 지나쳐 왔다는 걸 깨달았어요. 모든 순간이 새롭게 느껴졌습니다."

그렇다면 우리는 어떻게 마흔을 보내야 할까? 무엇보다 우선순위를 다시 세워야 한다. 리밸런싱을 하는 것이다. 업무 성취와 가족 중 무엇이 더 중요한가? 승진과 건강 중 무엇을 먼저 챙길 것인가? 머리로는 알지만 실제 하루를 들여다보면 거꾸로 살고 있지 않은가. 거창한 변화를 기다리지 말자. 맛있는 점심 한 끼를 천천히 음미하고, 퇴근길 하늘을 한 번 올려다보고, 가족에게 "수고했어"라고 말하는 것. 당장 시작할 수 있는 일이다.

나는 일흔이 넘어서야 이것을 깨달았다. 하지만 나의 딸과 누군가의 딸인 당신은 아직 늦지 않았다. 지금이라도 멈춰서서 주위를 둘러보고 정말로 중요한 것이 무엇인지 생각해 볼 수 있다.

늘어만 가는 직장에서의 책임, 무거워지는 가정에서의 역할, 그 속에서 여전히 증명해야 하는 자신의 가치. 여성에게 마흔은 참 역설적인 나이다. 인생에서 가장 왕성하게 활동하는 시기지만 동시에 가장 많은 것을 포기해야 하는 시기기도 하다. 내가 마흔을 통과하며 알지 못했던 깨달음을 이제는 나누고 싶다. 마흔은 인생의 중반이다. 앞으로 가야 할 길도 멀지만, 이미 걸어온 길도 만만치 않다는 말이다. 바로 이 지점에서 필요한 것은 더 빨리 달리는 법이 아니라 제대로 된 방향으로 가고 있는지 확인하는 일이다.

이 책은 나의 두 딸을 위해 쓴 편지에서 출발했다. 아버지의 마음을 마흔을 통과하는 모든 이에게 전하고자 본문에서는 나의 딸만 지칭하지 않았다. 이 책이 마흔을 지나고 있거나, 곧 그 문턱에 설 당신에게 든든한 동행이 되기를 바란다. 마흔, 가장 힘들지만 어느 때보다 값진 이 시간을 어떻게 살아갈 것인지 함께 고민해 보자.

# 이 책의 여정

니체는 《우상의 황혼》에서 말했다.

"발로 춤을 추듯이, 아이디어로 춤을 추고, 단어로 춤을 추고, 펜으로 춤을 추라."

이 책을 쓰는 여정은 바로 그런 춤이었다. 철학과 사유를 음악의 반주처럼 삼아 마흔이라는 삶의 한가운데에서 딸과 먼저 마흔을 지나온 내가 마주하는 질문들을 춤추듯 풀어낸 시간이었다. 일흔을 넘어 되돌아보니 마흔은 내 인생에서 가장 힘들고 어려운 시기였다. 그러나 동시에 가장 중요한 전환점이기도 했다. 이 책은 그런 마흔을 지나는 모든 딸들을 위한 다섯 개의 쉼터이자, 다섯 번의 깊은 숨이다.

첫 번째 장에서 우리는 마흔의 무게를 정직하게 마주한다. 좋은 성적, 대학, 직장, 집, 차…. 이 끝없는 '가짐'의 목록이 지금까지 우리 삶의 방향을 결정했다. 그러나 목표를 달성할 때마다 찾아오는 만족감은 너무나 짧았고 다음 목표를 향한 새로운 갈망이 그 자리를 채웠다. "내 삶인데 왜 내 뜻대로 안 될까?"라는 질문 앞에서 늘 부족함을 느끼며 채우기만 반복했던 삶의 패턴을 들여다본다.

두 번째 장은 타인의 기준에서 벗어나 나의 세계를 확장하는 여정이다. 인정받기 위해서 성공하고 잘 살아야 한다는 강박적인 삶을 살아온 우리는 진짜 중요한 것을 놓쳐 왔다. 심지어 자기 안의 장난기와 웃음까지도 잃어버렸다. 이제 우리는 묻는다.

"내가 진정으로 좋아하는 것은 무엇인가?"

타인의 인정이 더 이상 삶의 기준이 될 수 없음을 깨닫는다. 외로움을 두려워하지 않고 나를 가장 사랑해야 하는 이 순간을 온전히 받아들인다. 자신에게 소중한 것을 아는 사람만이 진정으로 아름답다는 진리를 체득한다. 스토아 철학자들이 외적 소유보다 내면의 풍요를 강조했듯이, 부처가 탐욕과 집착에서 벗어날 것을 가르쳤듯이 우리는 소유를 넘어 존재의 삶으로 나아간다.

세 번째 장에서 우리는 인생의 중심에 서서 지나온 길과 앞으로 갈 길을 동시에 바라본다. 타인의 행복이 나에게 주는 의미, 시련과 위기를 기회로 바꾸는 법을 통해 삶의 주인이 되는 태도에 대해 이야기한다. 소유의 환상을 내려놓고 단순한 삶을 지향함으로써 정신적 빈곤과 내적 공허함에서 벗어날 준비를 한다.

네 번째 장에서는 가장 현명하게 성장하는 법을 탐구한다. 니체가 역설했듯이 존재의 삶은 동사형의 삶이다. 고정되고 정체된 것이 아니라 끊임없이 변화하고 흐르는 것이다. 지나간 세월과 다가올 미래에 대한 시각을 바꾸면 인생에 새로운 의미를 부여할 수 있다. 마흔을 성장시키는 공부는 단순히 지식을 머리로 쌓는 것이 아니다. 우리는 지식을 춤추듯 온

몸으로 경험해야 한다. 무서운 속도로 변하는 세상에 발맞춰 가기 위한 진정한 공부에 대해 이야기한다.

마지막 장에서는 행복의 본질에 다가간다. 마흔에 다시 '행복'에 대해 생각한다는 것은 이제 피상적인 즐거움이 아닌 깊은 충만함을 추구한다는 의미이다. 마이스터 에크하르트가 말한 내맡김과 무소유를 통한 영적 자유, 법정 스님이 살았던 무소유의 삶. 이들이 전하는 메시지는 명확하다. 행복이 우리에게 오는 것이 아니라 우리가 행복으로 가는 것이다. 진정으로 자신의 삶에 감사를 느낄 때 우리 삶에서 실제로 달라지는 것이 있다. 그것은 마법이 아니라 존재의 전환이다.

부처, 장자, 프리드리히 니체, 시몬 베유, 헨리 데이비드 소로, 빅터 프랭클, 에크하르트 톨레, 틱낫한, 법정 스님. 시대를 초월한 사상가들의 사상은 표면적으로는 다르게 보이지만 그 안에는 하나의 공통된 통찰이 흐른다. 진정한 행복과 자유는 소유의 축적이 아닌 존재의 깊이에서 발견된다는 것이다. 이들은 각자의 언어와 맥락으로 같은 진리를 가리키고 있다. 우리는 무엇을 가졌는가가 아니라 어떻게 존재하는가에 따라 진정한 충만함을 경험한다는 것을.

　오랫동안 소유의 삶에 익숙했던 우리는 지쳐 있다. 물질을
쫓다 삶의 본질을 잃고 방황하고 있다. 이제 방향을 바꿀 때
다. 이 책이 내면에 이미 존재하는 빛을 발견하도록 돕는 거
울이 되기를 바란다.

# 1장
# 딸아, 살아 보니
# 마흔이 가장 어렵더라
삶의 균형 찾는 법을 배우는 나이, 마흔

## 2장

# 딸아,
# 네 자신을 가장 먼저 사랑해라

타인의 기준에서 벗어나 나의 세계를 확장하는 나이, 마흔

## 3장

# 딸아, 누가 뭐래도
# 인생의 주인공은 네 자신이다

인생의 태도에 대해 생각하는 나이, 마흔

# 4장

# 딸아, 변화를 받아들이는 태도가 삶을 바꾼다

가장 현명하게 성장하는 나이, 마흔

---

# 5장

# 딸아,
# 이제 행복할 일만 남았다

### 진정한 행복을 찾아가는 나이, 마흔

# 딸아, 살아 보니 마흔이 가장 어렵더라

삶의 균형 찾는 법을 배우는 나이, 마흔

# 01

# 내 삶인데 왜
# 내 뜻대로 안 될까

### 내맡김

오래전 40대에 접어들었을 무렵, 이집트 시나이산으로 성지 순례를 갔다. 칠흑처럼 어두운 밤에 산을 올랐다. 손에 쥔 작은 손전등에 의지해 단 한 걸음 앞만 볼 수 있었다. 정상이 얼마나 남았는지, 지금 어디쯤 와 있는지 알 수 없었다. 그저 손전등이 비추는 작은 공간, 그 빛에 의지해 내딛는 한 걸음만이 내가 할 수 있는 전부였다. 그런데 이상하게도 두렵지 않았다. 오히려 마음이 편했다. 그때는 몰랐다. 그 어두운 산길이 내 인생 전체를 압축해 놓은 풍경이었다는 것을.

어둡고 가파른 산길에서 우리는 뒤를 돌아볼 수 없다. 과거의 힘든 순간, 고통스러운 시간도 그렇게 흘러갔을 뿐이다. 다가오는 미래도 마찬가지다. 우리는 미래를 완전히 볼 수 없다. 아이가 어떤 사람으로 자랄지, 부모님이 언제까지 건강하실지, 직장 생활이 어떻게 흘러갈지 알 수 없다.

대부분의 사람이 예측할 수 없는 것을 미리 걱정하고 계획하고 통제하려고 애쓰느라 정작 지금 이 순간을 놓쳐 버린다. 손전등이 비추는 한 걸음에 집중하지 못하는 것이다.

## 지금 할 수 있는 일에 최선을 다하면 충분하다

많은 사람이 내맡김을 포기나 체념으로 오해한다. 그런데 전혀 그렇지 않다. 내맡김은 마음대로 되지 않는 것을 억지로 붙잡지 않고 지금 내가 할 수 있는 일에 최선을 다하는 것이다.

아이가 공부를 안 한다고? 부모로서 줄 수 있는 도움을 아낌없이 줬다면, 나머지는 아이 몫이다. 남편이 당신 기대에 미치지 못한다고? 사람은 쉽게 변하지 않는다. 있는 그대로 받아들이거나, 받아들일 수 없으면 다른 선택을 하면 된다. 직장에서 승진이 안 된다고? 최선을 다했다면 결과는 통제 밖이다. 부모님이 자꾸 아프시다고? 당신은 의사가 아니다. 시간을 되돌릴 수도 없다. 효도는 부모에 대한 마음이지 행동의 결과가 아니다.

자식에게 더 잘해 주려는 욕심, 과거의 영광에 대한 미련, 이웃과 비교하는 마음. 이 모든 것을 과감하게 놓아라. 그래야 삶이 편안해진다.

누군가는 이런 말이 무책임하다고 생각할 수 있다. 하지만 지금까지 살아 보니 확실해졌다. 우리가 통제할 수 있는 것은 생각보다 훨씬 적다. 그리고 통제할 수 없는 것을 통제하려 애쓰다가 정작 통제할 수 있는 것, 바로 '지금 이 순간'을 바꿀 기회를 허공에 날려 버리기 쉽다.

내맡김은 자녀 교육에 최선을 다하되 결과는 아이의 인생이라고 인정하는 것이다. 부모님께 할 수 있는 만큼 하되 죄책감으로 자신을 갉아먹지 않는 것이다. 직장에서 성과를 내려 노력하되 인정받지 못한다고 자존감이 무너지지 않는 것이다. 완벽한 배우자가 되려 애쓰기보다 불완전한 나를 있는 그대로 보여 주는 것이다.

그렇다면 구체적으로 무엇을 실천할 수 있을까?

아침에 일어나서 '오늘 할 수 있는 것'만 생각하자. 아이가 대학을 어디 갈지, 부모님이 10년 후에 어떻게 되실지, 내가 5년 후에 어디에 있을지는 오늘 생각할 일이 아니다. 물론 미래 계획을 아예 하지 말라는 이야기가 아니다. 다만 현재에 할 수 있는 일에 집중하자는 것이다.

오늘 아이와 따뜻한 밥 한 끼 먹을 수 있으면 그걸로 충분하다. 오늘 부모님께 마음 담아 전화 한 통 드릴 수 있으면 그것으로 효도다. 오늘 내가 맡은 일을 성실히 하면 그걸로 된 것이다.

## 마흔, 내려놓을 용기가 필요한 나이

일이 뜻대로 안 풀릴 때는 "그럴 수도 있지"라고 말하자. 처음에는 어색하다. 하지만 계속 연습하다 보면 정말로 그럴 수도 있다는 게 느껴진다. 아이가 말을 안 듣는 것도, 승진에서 밀린 것도, 배우자와 의견이 안 맞는 것도, 다 '그럴 수도 있는' 일이다. 이 세상 어떤 것도 뜻대로만 되지 않는다. 그게 인생이다.

가장 중요한 것은 자기 자신에게 관대해지는 것이다. 당신은 이미 충분히 잘하고 있다. 완벽하지 않아도, 실수해도, 가끔 화를 내도, 때로 지쳐서 아무것도 하기 싫어도 괜찮다. 당신은 사람이지 기계가 아니다. 너무 애쓰지 마라. 할 수 있는 만큼 하고 안 되면 내버려 둬라.

손전등 하나만 들고 시나이산 정상까지 올랐을 때, 정상에서 나를 기다리고 있던 것은 숨이 막히도록 아름다운 일출이었다. 그 아름다움은 말로 표현할 수 없을 정도였고, 내가 얼마나 힘들게 올라왔는지와는 상관없었다. 그저 거기 있었다. 산 아래 풍경을 보고 있자니 정상은 정신이 아찔할 정도로 높은 곳이었다. 장엄한 경치가 눈앞에 펼쳐지는 순간, 내 자신이 얼마나 대단하게 느껴졌는지 모른다.

인생도 그런 것이다. 얼마나 완벽하게 살았느냐가 중요한 게 아니라, 그 순간순간을 얼마나 온전히 살았느냐가 중요하다. 지금 이 순간 손전등이 비추는 이 한 걸음을 확실하게 내디디면 된다. 다음 걸음은 그다음에 생각하면 된다.

마흔의 당신에게 일흔의 내가 전하고 싶은 말은 이것이다. 놓아라. 통제할 수 없는 것은 그냥 놓아 버려라. 그래야 손에 힘이 생겨서 정말 중요한 것을 붙잡을 수 있다. 바로 '지금 이 순간'을. 이 순간만이 당신이 진짜로 살 수 있는 유일한 시간이다. 어제는 이미 갔고, 내일은 아직 오지 않았다. 오직 지금만이 당신 것이다.

내맡김은 포기가 아니라 해방이다. 무거운 짐을 내려놓는 것이다. 모든 것을 다 잘해야 한다는 강박, 모든 것을 통제해야 한다는 환상, 완벽해야 한다는 압박을 내려놓을 때, 비로소 당신은 가볍게 걸을 수 있다. 그리고 그때 삶은 조금 더 부드러워진다. 관계는 조금 더 편해진다. 마음은 조금 더 평온해진다.

내가 마흔이었을 때 그토록 걱정했던 것 대부분은 일어나지 않았거나, 일어났어도 생각만큼 끔찍하지 않았다. 반대로 당신이 완벽하게 계획했던 것 대부분은 계획대로 되지 않았다. 그런데도 삶은 계속됐고, 당신은 여전히 여기 있다.

그러니 너무 걱정하지 마라. 조금 내려놓아도 괜찮다. 조금 불완전해도 괜찮다. 그게 인간답게 사는 것이다.

우리는 인생 전체를 볼 수 없기에,
지금 내딛는 한 걸음에 온전히 머무를 수 있다.

## 02

# 늘 스스로가
# 부족하게 느껴진다면

### 공허함

 

SNS를 열면 누군가의 승진 소식, 해외여행 사진, 새로 산 차 인증 등이 끝없이 이어진다. 우리는 뭔가를 소유함으로써 내면의 공허함을 채우려 한다. 더 좋은 직장, 더 높은 연봉, 더 큰 집을 향해 달려간다.

하지만 소유하는 것이 많아질수록 불안은 더 깊어진다. 가진 것을 잃을까 봐 두렵고, 남보다 뒤처질까 봐 조급해하며, 더 많이 가져야 한다는 강박에 시달린다. 심리학자들은 이를 '쾌락 적응'이라 부른다. 새 차를 샀을 때의 설렘은 한 달이면 사라지고 승진의 기쁨도 곧 일상이 된다. 그래서 더 큰 자극과 더 많은 소유를 갈구한다. 소유는 우리를 자유롭게 하는 것이 아니라, 오히려 우리를 속박하는 사슬이 된다.


## 인생을 바꾸는 내면의 연금술

법정 스님은 이렇게 말했다.


"내려놓음은 일의 결과, 세상에서의 성공과 실패를 뛰어넘어 자신의 순수 존재에 이르는 내면의 연금술이다."


우리 안의 고통을 지혜로, 집착을 자유로, 분노를 자비로 바꾸는 것. 이것이 진짜 연금술이다. 법정 스님의 이 말을 통해 우리는 세 가지 내려놓기 기술을 배울 수 있다.

첫째, 결과를 초월하기. 우리는 늘 결과에 매달린다. 프로젝트의 성공 여부, 자녀의 시험 점수, 상사의 평가에 일희일비한다. 하지만 농부를 떠올려 보자. 씨를 뿌리고 물을 주지만, 날씨와 토양은 그의 의지 밖이다. 최선을 다한 농부는 결과를 하늘에 맡기고 오늘 할 일에 집중한다. 내려놓음은 결과 집착에서 벗어나 과정 자체에 온전히 머무는 것이다.

둘째, 성공과 실패의 이분법을 넘어서기. 스티브 잡스가 애플에서 해고당했을 당시에, 그는 인생에서 가장 나쁜 일을 겪었다고 생각했다. 하지만 시간이 흐르고 그는 해고가 그의 인생에 일어난 최고의 일이었다고 고백했다. 그 실패가 없었다면 픽사에서의 경험도, 아이폰도 없었을 것이다. 당신도 이미 겪었을 수도 있다. 당시에는 끝이라 여겼던 실패가 새로운 시작이었고, 성공이라 믿었던 순간이 함정이었던 경험을. 성공과 실패는 고정된 것이 아니라 관점에 따라 달라지는 상대적 개념이다.

셋째, 순수 존재로 돌아가기. 순수 존재란 무엇인가. 직함을 떼어 내고, 학벌을 지우고, 소유물을 내려놓았을 때 남는 본래의 나다. 양파 껍질을 하나씩 벗겨 내듯, 외부에서 덧씌운 정체성들을 내려놓으면 비로소 진짜 내가 보인다.


## 고통을 받아들이고 자비를 보내는 연습

이론은 알겠는데, 실천이 문제다. 특히 분노, 불안, 원망 같은 강렬한 감정들은 우리를 꽉 붙잡고 놓아주지 않는다. 상사의 부당한 말에 며칠을 끙끙대고 배우자의 작은 실수에 며칠을 화를 낸다.

바로 이때 필요한 것이 티베트 불교의 통렌 명상이다. 통렌은 '주고받기'라는 뜻이다. 우리 직관과 정반대로 움직이는 수행법이다. 보통 우리는 고통을 피하고 즐거움을 추구하지만, 통렌은 고통을 받아들이고 자비를 내보내는 연습이다.

처음엔 어렵게 느껴질 수 있지만 천천히 따라가 보자.


1. 마음 준비하기: 조용한 곳에 편하게 앉아 자연스럽게 숨을 쉰다. 흙탕물이 가라앉듯 마음이 고요해질 때까지 몇 분간 기다린다.

2. 상황 떠올리기: 분노나 불안을 일으키는 특정 사람이나 상황을 떠올린다. 처음엔 가벼운 것부터 시작한다. 운동할 때 가벼운 무게로 시작하듯이.

3. 숨 들이마시며 받아들이기: 그 상황에서 느끼는 분노, 불안, 아픔을 검은 연기처럼 상상하며 내 가슴으로 받아들인다. 이때 감정을 억누르지 말고 있는 그대로 받아들인다.

4. 숨 내쉬며 보내기: 밝고 따뜻한 흰빛을 그 상황과 사람에게 보낸다. 이 빛은 평화, 사랑, 용서를 상징한다. 어머니가 아픈 아이를 품어 주듯 자비를 보내는 것이다.

5. 범위 넓히기: 익숙해지면 나와 같은 고통을 겪는 모든 사람으로 범위를 넓혀 간다.


통렌 명상이 효과적인 이유는 자아 중심적 사고를 근본적으로 바꾸기 때문이다. 평소엔 '나'와 '남'을 분리하지만, 통렌을 통해 고통과 행복이 모든 사람에게 공통된 경험임을 깨닫는다. 나만 힘든 게 아니라는 것을.

신경 과학 연구에 따르면, 통렌 명상을 꾸준히 하는 사람들의 뇌에서는 공감과 연민을 담당하는 영역이 활성화되고 스트레스와 불안을 일으키는 편도체 활동은 감소한다.


## 내려놓을 때 비로소 얻게 되는 것들

통렌 명상으로 이르는 순수 존재의 상태는 소유하지 않으면서도 풍요롭고, 성취하지 않으면서도 완전하며, 경쟁하지 않으면서도 평온한 역설적 존재 방식이다.

아이러니하게도 내려놓을 때 우리는 더 많은 것을 얻는다. 결과에 집착하지 않을 때 더 좋은 결과가 나오고, 사랑을 소유하려 하지 않을 때 진정한 사랑을 경험하며, 인정받으려 애쓰지 않을 때 자연스럽게 존경받게 된다.

회의 때를 떠올려 보자. 자기 의견을 관철하려고 목소리를 높이는 사람보다, 조용히 듣다가 핵심을 짚는 사람이 더 신뢰받는다. 가족 모임에서도 자녀 자랑에 열을 올리는 사람보다, 편안하게 다른 사람 이야기를 들어 주는 사람 곁에 사람들이 모인다.

내면이 평화로운 사람 주변에는 저절로 평온함이 퍼져 나간다. 그들은 특별히 노력하지 않아도 사람들을 끌어들이는 자연스러운 매력을 갖게 된다.

마흔은 인생의 정오다. 햇빛이 가장 밝아 그림자가 가장 짙게 드리워지는 시간. 그동안 채우기에 급급했다면, 이제는 내려놓는 연습을 시작할 때다.

순수 존재의 아름다움은 화려하지 않지만 깊이가 있고, 시끄럽지 않지만 울림이 있으며, 소유하지 않지만 풍요로운 삶이다. 진정한 아름다운 마무리는 더 많이 가지는 것이 아니라 내려놓는 것이며, 더 높이 올라가는 것이 아니라 본래 자리로 돌아가는 것이다.

오늘, 붙잡고 있는 것 하나를 내려놓아 보자. 그 빈자리에 진짜 자유가 찾아올 것이다.

소유는 공허를 잠재우지 못한다.
붙잡을수록 삶은 무거워지고, 놓을수록 마음은 넓어진다.

# 03

# 월든 호수가 가르쳐 준
# 단순한 삶

## 자족

우리는 지금 무엇을 위해 살고 있을까? 더 큰 집을 위한 대출금, 아이들 교육비, 노후 준비금…. 끝없는 '소유'의 목록 앞에서 숨이 막힌다. 소로우가 월든 호수에서 던진 질문이 오늘날 더욱 절실하게 다가오는 이유다.

현대 사회는 끊임없이 속삭인다. '더 비싼 차, 더 큰 집, 더 높은 연봉을 가지면 행복해질 것'이라고. 하지만 정작 우리가 마주한 현실은 어떤가? 하나를 얻으면 더 큰 것을 원하게 되는 끝없는 욕망의 사슬. 가진 것을 잃을까 두려워하며 자신을 혹사시키는 삶. 외적 조건에 의존하는 불안한 정체성. 끝없는 소유 욕망은 근본적으로 많은 사람이 물질적인 부를 자기 인생의 반영이자 성공이자 자신이 존재한 증거라고 여기기 때문에 일어난다. 그래서 모든 게 탐욕의 대상이 된다. 물질적 재산, 사업, 명예, 학위, 지식, 연인 그리고 심지어 자신의 자아까지. 이렇게 소유한 무게에 짓눌려 살아간다.

이러한 소유 중심의 삶은 근본적인 모순을 안고 있다. 더 많이 가질수록 더 자유로워질 것 같지만, 실제로는 더 많은 것에 얽매이게 된다. 물건들은 단순히 공간을 차지하는 것을 넘어 우리의 시간과 에너지, 정신적 여유를 앗아 간다. 진정한 전환은 '무엇을 가졌는가'에서 '어떻게 살 것인가'로 관점을 바꾸는 것에서 시작된다. 즉 소유 중심의 삶에서 존재 중심의 삶으로 가야 한다. 존재 중심의 삶에서는 외적 조건의 변화에 흔들리지 않는 내적 안정감을 갖게 된다.

## 단순한 삶을 시작하면 삶이 충분해진다

단순한 삶은 이 문제를 해결해 준다. 너무 많이 소유하려는 것을 멈추자. 그러면 자신을 돌보는 데 더 많은 시간을 할애할 수 있다. 적게 소유하는 대신 더 유연하고 자유롭고 가볍고 우아하게 그리고 풍요롭게 살아야 한다. 물건으로는 채울 수 없는 인생이다. 바로 단순한 삶은 물건의 단순함에서 실천될 수 있다. 진정한 부는 적게 필요로 하는 것이다. '필요'와 '충분함'의 기준으로 소유물을 선별하자.

공간의 단순함은 어떠한가? 집의 크기가 아니라 의미에 집중하자. 각 공간이 명확한 목적을 가지고, 평화와 안식을 느낄 수 있어야 한다. 여백이 충분한 집에 산다는 것은 삶의 주도권을 내가 쥐고 있다는 뜻과 같다. 집은 언젠가는 쓰일 물건들로 가득 채워진 요지부동의 창고가 아니다.

시간의 단순함 또한 필요하다. 우리가 진정으로 소유할 수 있는 단 한 가지는 하루하루의 시간이다. 우리는 많은 시간을 과거를 후회하거나 미래의 불확실성에 걱정하며 보낸다. 걱정해야 할 것은 미래가 아니라 현재 놓치고 있는 이 순간이다. '바쁨'이라는 현대의 신화에서 벗어나자. 멀티 태스킹의 유혹을 거부하고, 한 번에 한 가지 일에 온전히 집중하자.

관계의 단순함은 어떠한가? 관계의 단순함은 현대인이 제일 힘들어하는 영역이다. SNS '친구' 수백 명보다 깊은 대화를 나눌 수 있는 몇 명이 더 소중하다. 가식 없이 있는 그대로의 자신을 드러내고 상대방을 받아들이는 것이다. 불필요한 관계는 정리하자. 지혜롭지 못한 사람은 피하자. 남의 말을 주의 깊게 듣는 법을 배우자.

마음의 단순함은 어떠한가? 끊임없는 정보의 홍수, 비교와 경쟁의식, 미래에 대한 불안에서 자유로워진 맑고 고요한 상태를 말한다. 무한한 정보의 바다에서 정말 필요한 것만을 선별하고, 소셜 미디어의 비교 문화에서 벗어나 자신만의 기준을 세우며, 가상의 관계가 아닌 현실의 깊은 관계에 집중하는 것이다. '디지털 디톡스' 역시 현대적 단순함의 한 형태다. 스마트폰 알림을 끄고, 진정한 휴식을 취하며, 내면의 소리에 귀 기울이는 시간을 만들어 보자.

소유의 삶에서 존재의 삶으로의 전환은 하루아침에 이뤄지지 않는다. 하지만 작은 변화들이 모여 큰 변화를 만들어 낸다. 옷장을 정리해 필요한 것만 남겨 두고, 하루 30분씩 스마트폰 없이 산책하는 것부터 시작해 보자. 가족과의 식사 시간에 모든 전자 기기를 치워 두고, 진정한 친구 한 명과 깊은 대화를 나누며, 매일 10분씩 아무것도 하지 않고 고요히 앉아 있는 시간을 만들어 보자.


## 존재 자체에서 만족을 찾으라

소로우는 말했다.

"삶을 더 의도적으로 살기 위해 숲으로 갔다. 그리고 죽을 때 내가 살지 않았다는 것을 발견하고 싶지 않았다.”

이것이 단순한 삶의 핵심이다. 단순함은 제약이 아니라 자유고, 포기가 아니라 선택이며, 적음이 아니라 충만함이다. 진정한 부자는 자신의 존재 자체에서 만족을 찾는 사람이다.

40대라면 이제는 질문해 볼 때다. 정말 중요한 것이 무엇인지, 진정 원하는 삶은 무엇인지. 소로우의 월든 호수는 특정한 장소가 아니라 마음의 상태고 삶의 태도이며, 존재의 방식이다. 각자의 마음속에 있는 월든 호수를 찾아 그곳에서 진정한 자아와 마주할 때, 단순한 삶은 비로소 시작된다. 그 순간 우리는 소유의 삶에서 존재의 삶으로, 복잡함에서 단순함으로, 분주함에서 고요함으로 이행할 것이다.

21세기를 사는 우리가 소로우처럼 숲속 오두막에서 살 수는 없다. 하지만 그의 정신은 현대적으로 재해석될 수 있다. ‘자발적 단순함’이 그 답이다. 이것은 빈곤하게 사는 것이 아니라 의식적으로 선택하며 사는 것이다. 외부의 강요가 아닌 내면의 결단으로, 더 적게 소유하되 더 풍요롭게 존재하는 삶의 방식이다.

자발적 단순함은 역설적으로 더 많은 것을 준다. 쇼핑몰을 누비는 대신 자녀와 공원에서 보내는 따사로운 오후, 명품 브랜드보다 정신적 만족에서 비롯되는 자족감, 더 큰 집 대신 여백이 있는 공간에서 느끼는 평화. 이것이 진정한 풍요다. 단순 또는 소박이라고 하면 궁핍이나 가난, 축소된 가능성, 척박한 삶을 연상하는 사람이 많다. 그렇지만 자발적 단순한 삶은 행복을 쪼그라들게 하는 것이 아니라 오히려 삶의 질을 높인다.

우리는 이제 알고 있다. '더 많이'를 외치는 삶이 아니라 '충분히'를 아는 삶이 우리를 자유롭게 만든다는 것을. 단순함은 포기가 아니라 선택이고, 제약이 아니라 자유이며, 적음이 아니라 충만함이다. 오늘, 지금 이 순간부터 시작하는 자발적 단순함이 우리를 진정한 삶으로 인도할 것이다.

마흔은 '더 많이'를 향해 달릴 나이가 아니라,
'이만하면 충분하다'를 배울 시기다.

# 지금도 흔들리는 내가
# 나약한 건 아닐까

시련

마흔을 넘기면 세상이 달라 보인다. 젊은 시절의 열정은 어디론가 사라지고, 현실의 무게는 점점 더 무겁게 느껴진다. '이제는 늦었다'는 생각이 들 때가 많다. 주변을 둘러보면 성공한 사람들은 이미 자리를 잡았고, 당신은 여전히 방황하는 것처럼 느껴진다. 하지만 2024년 3월, 스탠퍼드대학교 경영대학원 강연장에서 61세의 젠슨 황이 건넨 말은 전혀 다른 메시지를 던진다.

"스탠퍼드대학교 학생들에게 충분한 고통과 시련이 있기를 기원합니다."

이것은 엘리트 대학생들만을 위한 말이 아니다. 이미 인생의 반을 살아온, 수많은 실패와 좌절을 경험한 마흔 이후의 우리에게 더 절실하게 다가오는 메시지다. 젠슨 황은 말을 이었다.

"스탠퍼드대학교의 졸업생 대부분은 매우 높은 기대를 갖고 있습니다. 여러분은 위대한 학교를 나왔고, 최고의 성적을 받았으며, 지구상에서 매우 훌륭한 교육 기관 중 하나를 졸업했습니다. 불행히도 높은 기대를 가진 사람들은 회복 탄력성이 매우 낮습니다. 그런데 안타깝게도 성공에는 회복 탄력성이 정말로 중요합니다."

그는 자신의 가장 큰 장점이 기대가 아주 낮은 것이라고 말하며 이렇게 덧붙였다.

"오늘날까지도 저는 회사에서 '고통과 시련'이라는 말을 기쁘게 사용합니다. 진심으로 그렇습니다. 회사의 인격을 단련하고 싶기 때문입니다. 위대함은 지능이 아닙니다. 위대함은 인격에서 나옵니다. 그리고 인격은 똑똑한 사람들에게서 만들어지는 게 아니라 고난을 겪은 사람들에게서 만들어집니다."

마흔을 넘긴 당신이 겪어 온 실패, 좌절, 그 모든 고통스러운 경험은 헛되지 않았다. 그것들이 바로 당신의 인격을 만들어 왔다. 그리고 그 인격이야말로 이제 다시 시작할 수 있는 당신의 가장 큰 자산이다.

## 우리가 모르는 젠슨 황의 30년

젠슨 황의 삶을 들여다보면 더욱 용기가 생긴다. 1963년 대만에서 태어난 그는 9살에 미국으로 건너왔다. 켄터키의 공립학교에 다니던 10대 시절, 그는 매일 판자가 빠진 위험한 다리를 건너야 했다. 학교에서는 끊임없이 괴롭힘당했고, 동양인을 비하하는 욕설을 들으며 자랐다. 심지어 아이들이 그를 다리 밖으로 던지려고 시도한 적도 있었다.

그의 첫 직장은 데니스 레스토랑이었다. 그곳에서 설거지를 했고 화장실을 청소했다. 그는 "내가 청소한 화장실의 수는 여러분 모두를 합친 것보다 많습니다"라고 농담처럼 말하지만, 그 경험이 "어떤 일도 나를 낮추는 일이 아니다"라는 철학을 만들었다.

그리고 1993년, 30세에 엔비디아를 공동 창업했다. 젊은 나이는 아니었다. 사무실조차 없었다. 캘리포니아 산호세의

한 데니스 레스토랑 구석 부스가 첫 사무실이었다. 그곳에서 팬케이크와 끝없이 리필 되는 커피를 마시며 몇 시간씩 아이디어를 논의했다.

1996년, 창업 3년 만에 엔비디아는 파산 직전에 몰렸다. 다른 칩 제조업체들과의 경쟁에서 밀렸고, 출시한 제품은 실패했다. 시장 붕괴와 자금난이 거듭됐다. 그의 30대는 끝없는 실패의 연속이었다.

그러나 그들은 포기하지 않았다. 40대, 50대를 거쳐 60대가 된 지금, 엔비디아는 시가총액 5조 달러, 세계에서 가장 가치 있는 기업이 됐다. AI 혁명의 중심에 서게 된 것은 하룻밤 사이의 성공이 아니었다. 그것은 30년간 수십 번의 실패와 좌절, 그리고 그 모든 시련을 견뎌 낸 회복 탄력성의 결과였다.

당신이 마흔이든 쉰이든 예순이든 상관없다. 젠슨 황은 30살에 시작해서 60대에 세계 최고가 됐다. 늦은 것이 아니다. 지금이 바로 시작할 때다.


## 좌절과 실패는 성공으로 가는 지름길을 만든다

마흔을 넘으면 걱정이 생긴다.

"젊은 사람들은 새로운 기술을 금방 배우는데, 내가 따라
갈 수 있을까?"

"AI 시대에 내 경험은 쓸모없는 것 아닐까?"

하지만 젠슨 황이 스탠퍼드대학교 학생들에게 전한 메시
지는 달랐다. 그는 지식이나 지능이 아니라 인격을 말했다.
그리고 그 인격은 실패와 좌절로만 단련된다고 강조했다.

20대, 30대의 젊은이들이 가진 것은 열정과 체력이다. 하
지만 그들에게 부족한 것이 있다. 바로 당신이 지난 수십 년
간 삶을 통해 얻은 것, 회복 탄력성이다.

회복 탄력성은 단순히 어려움을 견디는 능력이 아니다. 그
것은 실패에서 배우고 좌절 속에서 기회를 발견하며 넘어진
자리에서 다시 일어나는 힘이다. 심리학자들은 회복 탄력성
이 높은 사람들이 도전을 다루고 실패에서 회복할 수 있는
강인함과 자신감을 가지고 있다는 연구 결과를 보여 준다.

당신은 이미 이것을 가지고 있다. 직장에서의 좌절, 사업
의 실패, 관계의 파탄, 경제적 어려움…. 마흔을 넘기까지 당
신이 겪어 온 모든 고난이 당신의 회복 탄력성을 만들었다.
젊은이들이 교과서에서 배우는 것을, 당신은 이미 삶으로 배
웠다. 젠슨 황은 이렇게 말했다.

"실험하지 않으면 혁신할 수 없고, 혁신하지 않으면 성공할 수 없습니다. 그리고 실패에 대한 내성이 없다면 절대 실험하지 않을 것입니다."

마흔을 넘긴 당신에게는 실패에 대한 내성이 있다. 이미 실패를 경험했고, 그래도 살아남았다. 이제 두려워할 것이 무엇인가? 당신은 다시 도전할 준비가 되어 있다.

AI 시대의 리더십은 더 이상 완벽함을 추구하는 것이 아니다. 불확실성 속에서 방향을 잃지 않고, 실패를 학습의 기회로 전환하며, 주변 사람들이 좌절하지 않도록 격려하는 능력이다. 기술과 지식은 빠르게 변화하고 쉽게 습득할 수 있다. 하지만 시련으로 단련된 인격과 회복 탄력성은 그 무엇으로도 대체할 수 없다. 그리고 그것은 당신이 이미 가진 것이다.

## 당신의 고통은 헛되지 않았다

"어떻게 회복 탄력성을 가르칠 수 있을지 모르겠습니다. 다만 여러분에게 고난이 찾아오길 바랄 뿐입니다."

젠슨 황의 이 말은 냉정하지만 진실하다. 회복 탄력성은 교실에서 배울 수 없다. 책을 읽는다고 생기지 않는다. 그것은 오직 경험으로 얻어진다.

　그는 높은 기대를 가진 사람들의 위험성을 경고했다. 명문 대학을 나오고, 뛰어난 성적을 받고, 모든 것이 순탄했던 사람들은 실패를 경험하지 못했다. 그래서 첫 번째 큰 좌절이 왔을 때 무너진다. 기대가 높을수록 회복 탄력성은 낮아진다.

　반면 고난을 겪은 사람들은 다르다. 그들은 실패가 끝이 아니라는 것을 안다. 넘어졌다가 일어서는 법을 배웠다. 불완전함 속에서도 앞으로 나아가는 용기를 갖췄다. 그들의 강점은 똑똑함이 아니라, 시련을 견뎌 낸 경험이다.

　마흔을 넘긴 당신은 이미 이것을 가지고 있다. 당신이 실패자라고 느낄 때, 뒤처졌다고 생각할 때, 사실은 그 반대다. 당신은 이미 훈련된 전사다. 단지 그것을 잊고 있었을 뿐이다. 칼릴 지브란의 시는 이를 완벽하게 표현한다.

　"고통 속에서 가장 강한 영혼이 나오고, 가장 거대한 인격은 상처로 각인된다."

　상처는 약점이 아니다. 그것은 당신이 살아온 증거고, 당신을 강하게 만든 훈장이다.

AI가 세상을 바꾸는 시대, 진정한 리더십은 기술을 다루는 능력이 아니라 자신의 내면을 다루는 능력에서 나온다. 회복 탄력성은 선택이 아니라 필수다.

오늘부터 시작하라. 매일 10분씩 조용히 앉아 당신의 내면 과 소통하라. 실패를 두려워하지 말고 약점이 아닌 강점에 집중하며 의미 있는 관계를 키워 가라. 문제와 나를 분리하 는 연습을 하고 정기적으로 휴식하고 회복하라.

그렇게 당신의 마음 근력이 강해질 때, 당신은 어떤 변화의 파도가 와도 흔들리지 않는 리더가 될 것이다. 그리고 그런 리더들이 모여 만드는 세상이 바로 우리가 꿈꾸는 미래다. 세상을 바꾸고 싶은가? 그렇다면 먼저 자신을 바꾸라. 마음 근력을 키우라. 그것이 AI 시대를 이끌 진정한 리더십이다.

고난은 인생을 늦추는 장애물이 아니라,
깊은 인격을 만드는 훈련이다.
마흔 이후의 가장 큰 자산은 이미 견뎌 본 경험이다.

## 05

# 고통은
# 저항에서 온다

받아들임

30년간 경제학과 금융학을 연구하며 자본주의의 성공 공식을 가르친 어느 교수가 일흔이 되어서야 깨달은 것은, 진정한 행복의 비밀은 책상 위의 학문이 아닌 삶 속에서 배우게 된다는 것이었다. 수많은 논문과 강의를 통해 '성공의 방정식'을 전파했지만, 정작 자신의 삶에서 가장 중요한 것은 그 어떤 방정식으로도 설명할 수 없는 것들이었다는 사실을 뒤늦게 발견한 것이다.

40대의 삶은 어느 때보다 복잡하다. 사업의 성패로, 직장에서의 인정으로, 결혼 생활의 무게로, 자녀 교육의 고민으로, 부모님의 건강으로, 때로는 주위의 소중한 사람을 떠나보내는 아픔으로 힘들어하고 있을지도 모른다. 청춘의 패기는 사라지고, 현실의 무게는 점점 더 무겁게 어깨를 짓누른다.

'나는 제대로 살고 있는 걸까?'
'이게 내가 꿈꾸던 삶일까?'

깊은 밤, 홀로 이런 질문들과 마주할 때면 우리는 말할 수 없이 외롭고 막막하다.


### 미래를 불안해하느라 현재를 놓치고 있는가?

나 역시 늦은 나이에 학위를 시작하며 마흔 때 무척 초조해했다. 학문 세계에서 남보다 5년에서 10년은 늦었다는 강박관념은 항상 나를 힘들게 했다. 동료들은 이미 교수가 되어 안정된 삶을 살고 있는데, 나는 여전히 학생 신분으로 도서관을 전전하고 있었다. 매일 아침 거울을 볼 때마다 늘어 가는 주름과 흰머리가 나를 비웃는 것만 같았다.

'너무 늦었어. 이제 와서 무엇을 하겠다는 거야?'

내면의 목소리는 끊임없이 나를 불안하게 만들었다. 덕분에 나 자신을 더욱 몰아세우며 학문적 성과를 낼 수 있었지만, 엄청난 스트레스를 매일 받으면서 살아간 날들이었다. 밤을 새워 연구하고, 주말도 없이 논문을 쓰고, 잠깐의 휴식조차 낭비라고 여겼다. 아내와 아이들과 함께하는 시간은 점점 줄어들었고, 친구들과의 약속은 번번이 미뤄졌다.

'지금은 아니야. 이 고비만 넘기면…'

하지만 그 '고비'는 끝없이 이어졌고, 나는 점점 더 지쳐 갔다.

그때 톨레의 "고통은 저항에서 온다"는 말을 들었더라면 얼마나 좋았을까. 현실을 받아들이지 못하고 계속 저항할 때, 그 저항 자체가 우리를 더 힘들게 만든다는 진리를 말한다. 톨레는《삶으로 다시 떠오르기》에서 말한다.

"지금 이 순간만이 바로 당신의 삶이다."

과거는 이미 지나갔고, 미래는 아직 오지 않았다. 우리에게 주어진 것은 오직 지금, 이 순간뿐이다.

지금도 과거의 실수를 곱씹으며 자책하거나 미래의 불확

실함에 불안해하며 살고 있지는 않은가? 젊은 시절의 선택을 후회하고, 늘어만 가는 나이에 초조해하며 정작 지금 이 소중한 순간들을 놓치고 있는지도 모른다. 아이가 "아빠, 나 좀 봐!"라고 외칠 때, 우리는 스마트폰을 보고 있다. 배우자가 힘든 하루를 이야기할 때, 우리는 다음 날 회의 준비를 하고 있다. 창밖의 벚꽃이 만개했을 때, 우리는 지하철 안에서 졸고 있다.

틱낫한은 《마음》이라는 책에 이렇게 썼다.

"숨을 들이쉬며 나는 안다, 내가 숨을 들이쉬고 있다는 것을. 숨을 내쉬며 나는 안다, 내가 숨을 내쉬고 있다는 것을."

이 단순한 알아차림이 우리를 현재로 데려온다. 마음챙김이란 거창한 것이 아니다. 그것은 단지 지금 이 순간, 살아 있음을 온전히 느끼는 것이다. 발바닥이 땅에 닿는 느낌, 바람이 볼을 스치는 감촉, 커피의 따뜻함이 목을 타고 내려가는 감각. 이 모든 것이 우리가 살아 있다는 증거다.

우리에게는 이미 모든 것이 있다. 따뜻한 마음, 사랑하는 사람들과의 소중한 인연, 매일 아침 눈을 뜰 수 있는 건강, 웃을 수 있는 능력. 이 모든 것은 돈으로 살 수 없는 진정한 부다. 틱낫한은 《화》라는 책에서 "행복은 우리가 가진 것에 대한 감사에서 시작된다"고 말한다. 우리는 늘 없는 것만 세고, 가진 것은 당연하게 여긴다. 더 큰 집, 더 좋은 차, 더 높은 직위를 갈망하면서 정작 지금 가진 것들의 소중함을 잊고 산다.

소유의 삶이 텅 빈 잔을 채우기 위해 끊임없이 무언가를 쏟아붓는 것이라면, 존재의 삶은 이미 가득 찬 잔을 발견하는 것과 같다. 톨레는 말한다.

"당신은 이미 충분합니다. 당신은 찾고 있는 그것입니다."

우리는 이미 충분하고 완전한 존재다. 더 이상 증명할 것도, 획득할 것도 없다. 이 사실을 깨닫기만 하면 된다.


## 고통이 우리에게 가르쳐 주는 것

삶을 사랑한다는 것은 단순히 좋은 일만 일어나기를 바라는 것이 아니다. 고통과 슬픔, 좌절의 순간까지도 삶의 일부로 받아들이는 용기가 필요하다. 틱낫한은 《힘》이라는 책에서 "당신은 이 순간을 견딜 수 있는 힘이 있다. 그 힘은 당신의 내면에 존재한다"고 말한다. 우리 안에는 어떤 폭풍도 견

더 낼 수 있는 고요한 중심이 있다. 바다의 표면은 거칠게 요동칠지라도, 깊은 곳은 언제나 평온하듯이.

마흔 때 겪었던 수많은 실패와 좌절이 있었다. 떨어진 교수 임용, 거절당한 연구 제안서, 무너진 사업 계획. 그때마다 나는 세상이 끝난 것처럼 절망했다. 하지만 지금 돌이켜 보면 그 모든 경험이 나를 더 깊고 따뜻한 사람으로 만들어 줬다. 실패를 겪어 본 사람만이 타인의 아픔을 진정으로 이해할 수 있다. 바닥까지 내려가 본 사람만이 거기서 올라오는 법을 안다.

틱낫한은 《평화로움》에서 이렇게 말한다.

"진흙 없이는 연꽃이 자랄 수 없다. 고통 없이는 행복이 자랄 수 없다."

고통은 헛되지 않다. 그것은 우리를 더 깊은 이해와 자비로 이끄는 스승이다. 지금 힘든 상황에 있다면, 그것을 회피하려 하지 말고 직시해 보라. 현실을 있는 그대로 받아들일 때, 비로소 진정한 변화가 시작된다.

"이것도 지나갈 것이다."

좋은 일도, 나쁜 일도 모두 지나간다. 영원한 것은 없다. 이 사실을 받아들일 때, 우리는 집착에서 자유로워진다. 톨레는 말한다.

"당신이 저항하는 것이 지속된다. 당신이 받아들이는 것이 변화한다."

우리가 싸우는 것은 더 강해지고, 우리가 포용하는 것은 변화한다. 마흔의 위기, 사업의 실패, 관계의 어려움. 이 모든 것과 싸우는 대신 받아들여 보라.

"그래, 지금 이게 내 현실이구나. 힘들지만 괜찮아. 나는 견딜 수 있어."

이 단순한 인정이 놀라운 치유의 힘을 발휘한다. 그리고 톨레는 말한다.

"삶은 완벽한 스토리가 아니다. 삶은 지금 이 순간의 경험이다."

우리는 완벽한 서사를 꿈꾼다. 차근차근 성공 가도를 달리고, 행복한 가정을 이루고, 존경받는 사회 구성원이 되는 그런 이야기. 하지만 실제 삶은 그렇게 깔끔하지 않다. 예상하지 못한 일이 일어나고, 계획은 어긋나고, 때로는 모든 것이 무너지는 것처럼 느껴진다. 그래도 괜찮다. 실패도, 좌절도 모두 삶의 소중한 일부다.

### 원하는 건 이미 나에게 있다

톨레의 지혜는 우리에게 말한다. 진정한 삶은 지금 이 순간에 있다고. 과거의 실패에 얽매이지 말고, 미래의 불안에 사로잡히지 말고, 지금 이 순간 숨 쉬고 있는 자신을 느껴 보라고. 우리 안에 이미 모든 것이 있다. 평화도, 기쁨도, 사랑도 모두 우리 안에 있다. 찾아 헤매던 보물은 항상 우리 집 안뜰에 묻혀 있었다. 다만 우리가 너무 멀리 나가 있어서 보지 못했을 뿐이다.

마흔의 위기는 축복일지도 모른다. 진정한 자신을 만나고, 진정한 삶을 시작하라는 삶의 초대장이기 때문이다. 젊었을 때는 외부의 성공을 좇느라 정신없었다면 이제는 내면의 평화를 발견할 때다. 세상의 박수를 받기 위해 살았다면 이제는 내 영혼의 속삭임에 귀 기울일 때다.

진하게, 깊게, 아름답게 살아 보라. 성공이나 실패로 재단되지 않는 삶, 타인의 시선에 흔들리지 않는 삶, 지금 이 순간을 온전히 경험하는 삶. 그것이 진정한 삶이다.

호흡을 느껴 보라. 들어오고 나가는 숨. 이것이 당신이 살아 있다는 증거다. 발이 땅에 닿는 느낌을 경험해 보라. 이 견고한 대지가 당신을 지탱하고 있다. 심장 박동을 느껴 보라. 이 충실한 근육이 쉬지 않고 당신을 위해 일하고 있다. 기적이 따로 없다. 당신이 지금 살아 있다는 것 그 자체가 기적이다.

마흔의 당신에게 전한다. 당신은 이미 충분하다. 더 증명할 필요도, 더 성취할 필요도 없다. 지금 이대로 당신은 완전하다. 지금 이 순간, 당신이 서 있는 이곳이 바로 삶이다. 더 이상 어딘가에 도착하려 하지 마라. 당신은 이미 도착해 있다. 지금, 여기에. 이것이 전부다. 그리고 이것으로 충분하다.

마흔 이후의 삶은 더 멀리 가는 데에 있지 않고
지금 서 있는 자리를 어떻게 살아 내느냐에 달려 있다.

## 06

# 여전히 중용의 지혜가
# 어렵다면

### 균형

어느덧 40대에 접어든 제자들이 많아졌다. 대부분 학자로서 열정을 불태우며 치열하게 살아가고 있다. 그들의 모습을 보면 과거의 내 모습이 겹쳐 보인다. 내 나름대로 긍정적으로 열심히 살았다고 생각했던 그 시절 말이다.

하지만 지금 돌이켜 보니 후회되는 일이 적지 않다. 가장 아쉬운 것은 가족과 충분한 시간을 보내지 못했다는 점이다. 한창 자라나던 10대 딸들과 함께한 시간이 너무 적었다. 승진과 연구에만 매달려 죽도록 일했던 것이, 지금 생각해 보니 잘못된 선택이었다.

## 만약 인생을 다시 산다면

이런 후회는 혼자만의 것이 아니었다. 트라우마 전문의이자 작가인 가보르 마테도 삶을 돌아보며 솔직하게 고백했다.

"만약 인생을 다시 산다면 지금처럼 살지는 않을 것이다."

수십 년을 의사로 살아온 그는 자신이 얼마나 강박적으로 살아왔는지, 그리고 세상에 자신의 존재를 증명하려 얼마나 애써 왔는지를 뒤늦게 깨달았다. 마테는 자신의 일 중독이 사실은 깊은 불안감과 인정받고자 하는 욕구에서 비롯됐음을 인정한다.

유대인 홀로코스트 생존자의 아들로 태어난 그는 평생 자신의 가치를 증명해야 한다는 강박에 시달렸고, 그 공허함을 일과 성취로 채우려 했다. 하지만 아무리 많은 환자를 치료하고 책을 쓰고 인정을 받아도 그 내면의 공허함은 결코 채워지지 않았다. 그가 뒤늦게 깨달은 것은 진정한 충만함은 외부의 성취가 아니라 사랑하는 사람들과의 관계 속에서 온다는 사실이었다.

마테 역시 한창 자라나는 아이들의 소중한 성장기에 함께하지 못했고, 가족들과 보내야 할 절대적인 시간을 놓쳐 버렸다고 회고한다. 그 고백을 듣는 순간, 깊은 공감과 함께 뒤늦은 깨달음을 얻었다.

## 삶은 유한하고 인간의 욕심은 끝이 없다

틱낫한이 들려주는 이야기에도 비슷한 인물이 등장한다. 성공한 회사 중역이었던 프레드릭은 일에 자신의 전부를 바쳤다. 자신과 가족에게는 조금의 시간도 내주지 않았다. 그저 일에 사로잡힌 노예처럼 살아가면서, 자기 자신과 가족을 위해 시간을 내어 즐기며 조금만 느리게 살라는 아내의 간곡한 부탁에도 언제나 "일하는 게 즐겁다"고 대답했다.

프레드릭은 나중에 은퇴하면 그때 홀가분한 마음으로 즐거운 시간을 보내리라고 생각했다. 또한 회사에서 자신의 역할이 너무나 중요해서 자신이 없다면 아무도 대신할 수 없을 것이라고 굳게 믿었다. 그런데 갑작스럽게 51세에 교통사고로 세상을 떠났다. 은퇴의 기회조차 주어지지 않았다.

자신을 대신할 사람은 절대 없을 것이라고 굳게 믿었음에도, 회사는 단 3일 만에 다른 사람을 그 자리에 앉혔다. 하지만 이 세상 누구도 프레드릭을 대신해 남편이나 아버지, 친구가 돼 줄 수는 없었다. 만일 당신이 프레드릭처럼 가정에서 실패하게 된다면, 직장에서의 성공은 과연 무슨 의미가 있을까? 그는 애석하게도 자신의 능력이나 시간에 한계가 있고 사람의 욕망에는 한계가 없다는 것을 이해하지 못했다. 삶은 유한하지만 욕망은 무한하다. 어떻게 무한한 것을 담기 위해 유한한 것을 사용할 수 있겠는가?

## 내가 놓쳤던 인생에서 가장 중요한 것

이런 질문 앞에서 나 자신을 돌아보지 않을 수 없었다. 거의 30년을 대학교수로서 연구와 논문에 매달리며 상위권 저널에 논문을 게재하기 위해 얼마나 자신을 몰아세웠는가. 강사에서 정교수로 오르기 위한 테뉴어와 승진에 매몰돼 가족들과 보내야 할 소중한 시간을 얼마나 놓치고 살았던가. 정교수가 된 후에도 정부나 외부 기관으로부터 연구비를 따내기 위해 새로운 경쟁의 소용돌이에 뛰어들었고, 가족들과 많은 시간을 누리지 못했다. 이제는 다 큰 어른이 된 두 딸이 아빠는 우리가 한창 자랄 때 함께 많이 놀아 주지 못했다고 말을 할까 봐 두려운 마음을 품고는 한다.

연구 논문을 100편이나 쓰고 은퇴했다고 하지만 과연 얼마나 많은 사람이 나의 논문을 읽을까? 대부분의 사람이 너무 늦고 나서야 후회하는 것이 바로 '인정 욕구와 성공 욕구의 허무함'이다. 나 역시 인정 욕구와 자신을 증명하기 위해 얼마나 강박적으로 살았는지 모른다. 은퇴하면서 친한 선배 교수에게 한 말이 떠오른다.

"경제학 너머에 훨씬 더 많은 것들이 있습니다."

나는 금융학이라는 학문에 지나치게 몰입했던 것이다. 좀 더 일찍 은퇴해 글쓰기와 책을 특별한 목적 없이 읽고 즐기며, 마음껏 그림 그리고 산책하는 철학자의 삶을 살지 못한 것이 너무나 아쉽다. 경제학자로서 수십 년을 보내면서 느꼈던 다른 학문에 대한 갈증과 인문학적 성찰에 대한 아쉬움은 늘 마음에 남아 있다.

그런데 이런 현실에 대해 《창조적 시선》으로 널리 알려진 김정운 교수는 더욱 냉혹한 진실을 지적한다. 예전에는 평균 수명이 60~70세였지만 지금은 100세 시대다. 일반 직장에서는 50세 전후에 퇴직해도 아직 힘이 있어 제2의 인생을 시작할 수 있으나, 교수는 65세 은퇴 이후 새로 시작할 수 있는 것이 거의 없다는 것이다. 일면 맞는 말이다.

## 한쪽으로 기울지 않는 마음

마흔이 넘었다면 이제는 인생의 우선순위를 성찰해야 한다. 일도 중요하고 성과도 소중하지만 그것이 삶의 전부는 아니다. 가족, 친구 그리고 무엇보다 자신을 위한 시간도 똑같이 소중하다.

성공은 추구하되 그것에 매몰되지 말라. 인정받고 싶은 마음은 자연스럽지만 그것이 당신의 본질을 잃게 해서는 안 된다. 저녁이 되면 컴퓨터를 끄고 가족과 함께 저녁을 먹어라. 주말에는 책상을 떠나 사랑하는 사람들과 시간을 보내라. 바쁘다는 핑계로 자신의 마음을 돌보는 일을 미루지 말라. 명상을 하든 산책을 하든 음악을 듣든, 당신만의 고요한 시간을 가져라.

마테가 깨달았듯, 프레드릭이 놓쳤듯, 내가 뒤늦게 후회하듯이 일과 삶의 균형을 잃으면 결국 둘 다 잃게 된다. 진정한 성공은 한쪽을 희생해서 얻는 것이 아니라 조화로운 균형 속에서 피어나는 것이다.

## 중용의 지혜를 지키기

동양의 지혜는 중도의 삶을 말한다. 공자가 말한 중용은

치우치지 않은 마음가짐이다. 과하지도 부족하지도 않은, 그 적절한 균형점을 찾는 것이 삶의 지혜라고 했다. 중용의 지혜는 단순히 중간을 택하라는 것이 아니다. 상황에 따라 적절한 균형점을 찾아가는 것이다. 일에 더 집중해야 할 때도 있고, 가족에게 더 많은 시간을 할애해야 할 때도 있다. 중요한 것은 어느 한쪽에 완전히 기울어져 다른 쪽을 잃지 않는 것이다.

당신의 삶이 아름다운 조화 속에서 피어나기를 바란다.

진정한 성공은 더 많이 얻으려고 한 사람이 아니라,
잃으면 안 될 것을 아는 사람에게 간다.

# 2장

# 딸아,
# 네 자신을 가장
# 먼저 사랑해라

타인의 기준에서 벗어나
나의 세계를 확장하는 나이, 마흔

# 01

# 좋아하는 것을
# 잊고 살았다면

## 자기 존중

"나이 들수록 좋아하는 것들을 돌봐라."

로마의 철학자 루키우스 아나이우스 세네카는 64세의 나
이로 생을 마감하기 직전까지 왕성한 지적 활동을 이어 갔
다. 네로 황제의 스승이자 정치가로서 바쁜 삶을 살았던 그
는 말년에 이르러서야 진정한 삶의 의미를 깨달았다고 고백
했다. 그의 유명한 서간집 《도덕서간》에서 친구 루킬리우스
에게 전한 조언, "나이 들수록 좋아하는 것들을 돌봐라"라는
말은 단순한 취미 활동 권유가 아니었다. 이는 인생의 후반
부에서만 가능한 깊은 성찰과 진정한 자유에 대한 초대였다.

젊은 시절 세네카는 권력과 부를 추구하며 분주히 살았지만, 나이가 들수록 외적 성취보다는 내적 평화와 지혜의 가치를 더욱 소중히 여기게 됐다. 그는 "젊음은 계획을 세우는 시기고, 노년은 그 계획을 누리는 시기"라고 말하며 나이 듦의 참된 의미를 제시했다. 이러한 통찰은 우리가 살아가는 방식에 대한 근본적인 질문을 던진다.

우리 대부분은 젊은 시절부터 중년에 이르기까지 무언가를 얻고, 성취하고, 소유하는 것에 집중하며 살아간다. 소유 지향적 삶은 분명히 필요한 과정이었고, 안정감과 성취감을 제공했다. 하지만 나이가 들면서 점차 깨닫게 된다. 소유했던 것들이 진정한 행복을 가져다주지는 않는다는 사실을 말이다.

에리히 프롬이 《소유냐 존재냐》에서 통찰력 있게 지적했듯이, 현대인의 불행은 '갖는 것'에만 집중하고 '존재하는 것'의 가치를 잃어버린 데서 비롯된다. 나이 듦은 이러한 소유의 굴레에서 우리를 자연스럽게 해방시켜 준다.

더 이상 많은 것을 축적할 필요가 사라지고 남들과 경쟁할 이유도 줄어든다. 대신 지금까지 쌓아 온 경험과 지혜를 바탕으로 진정으로 의미 있는 것을 선별할 수 있는 안목을 갖게 된다.

## 나에게 집중하는 시간

마흔을 넘어서면 어느새 인생의 중반을 지나고 있다는 걸 실감한다. 아직 젊다고 생각하지만, 어느 순간 체력의 한계를 느끼고 부모님의 노화를 목격하며 동료들의 건강 문제를 접하게 된다. 이런 경험들은 조용히 속삭인다. 지금부터라도 진정으로 중요한 것에 집중하라고. 마흔은 아직 방향을 바꿀 수 있는 시기다. 소유에서 존재로, 성취에서 의미로, 서서히 삶의 중심을 이동시킬 수 있는 골든 타임이다.

중년의 위기는 사실 위기가 아니라 전환의 신호다. 지금까지 해 온 것들을 반복해야 하는지, 아니면 다르게 살아야 하는지 묻게 되는 시기. 이 질문이 불편하게 느껴질 수 있지만, 이야말로 우리에게 주어진 가장 소중한 선물이다. 지금부터라도 자신의 내면 깊숙이 잠들어 있던 진정한 관심사와 열정을 발견한다면, 나머지 인생은 더욱 풍요로워질 것이다. 세네카의 지혜는 60대만을 위한 것이 아니다. 마흔을 넘긴 지금부터 실천할 수 있는 삶의 나침반이다.

나이 들면서 찾아오는 큰 축복 중 하나는 자기 자신에게 온전히 집중할 기회가 주어진다는 것이다. 젊은 시절에는 타인의 기대, 사회적 역할, 경제적 압박 때문에 진정한 자신의 목소리를 듣기 어려웠다. 하지만 나이가 들수록 이러한 외부적 제약들이 점차 약해지면서, 비로소 내면 깊숙이 잠들어 있던 진정한 관심사와 열정을 발견할 수 있게 된다.

세네카는 이를 "몸에서 마음으로 돌아오는 것"이라고 표현했다. 젊었을 때는 육체적 능력과 외적 활동에 의존했다면, 나이가 들수록 정신적 깊이와 내적 성찰이 더욱 중요해진다는 의미다. 이러한 변화는 오랫동안 뒷전으로 미뤘던 관심사들을 다시 꺼내 볼 기회를 제공한다. 젊은 시절 포기했던 예술 활동, 깊이 탐구하지 못했던 철학적 사유 등이 삶의 중심으로 올 수 있다. 이는 단순한 회귀가 아니라 풍부한 인생 경험이라는 토양 위에서 피어나는 새로운 꽃과 같다.

세네카는 "시간은 우리가 가진 유일한 재산"이라고 했다. 젊을 때는 시간이 무한히 있다고 착각하며 함부로 소비했지만, 나이가 들수록 시간의 소중함을 절실히 느끼게 된다. 역설적으로 이러한 깨달음이 우리를 더욱 현재에 집중하게 만든다. 남은 시간이 한정되어 있다는 인식은 절망이 아니라 오히려 지금 이 순간을 더욱 깊이 음미하게 하는 동력이 된다.

나이가 들면서 우리는 모든 것을 완성하고 성취해야 한다는 강박에서도 해방된다. 일본의 전통 미학 개념인 '와비사비(侘寂)'가 불완전함과 무상함의 아름다움을 찬양하듯이, 나이 듦도 이와 같은 맥락에서 이해할 수 있다. 모든 것을 완벽하게 이루지 못했다는 아쉬움보다는, 그 과정에서 얻은 경험과 깨달음 자체가 소중한 완성품이라는 인식의 전환이 가능해진다. 동양 철학의 '무위' 개념은 서구의 세네카 철학과 놀랍도록 일맥상통한다. 무위는 아무것도 하지 않는다는 소극적 의미가 아니라, 불필요한 행동을 하지 않음으로써 자연스러운 조화를 이루는 적극적 지혜를 의미한다. 나이가 들수록 우리는 이러한 무위의 지혜를 체득하게 된다. 모든 문제에 즉각적으로 반응하고 해결책을 찾으려 애쓰는 대신, 때로는 그냥 지켜보고 기다리는 것이 더 나은 결과를 가져온다는 것을 경험을 통해 배운다.

요즘 나는 취미로 그림을 그리고, 매일 산책을 하며, 가끔 골프를 친다. 무엇보다 책을 읽고 글을 쓰는 시간이 가장 소중하다. 오랫동안 대학에서 연구할 때와는 달리, 이제는 전공과 상관없이 정말 읽고 싶은 책을 자유롭게 읽는다. 마음껏 읽고 산책하며 생각하고, 소가 풀을 뜯어 먹은 후 되새김질하듯 책의 내용을 곱씹으며 걷는다.

특히 글쓰기는 오랫동안 하고 싶었던 일이다. 책을 쓰는 것은 확실히 인생 후반에도 주인의 삶을 살게 해 준다. 가끔 '남은 생애에 몇 권의 책을 더 쓸 수 있을까?' 하고 자문해 본다. 하지만 수가 중요한가? 수에 집착한다면 이미 욕심에 사로잡힌 마음이 앞서는 것 아닐까? 그냥 이 순간에 좋아하는 글쓰기를 하는 것이다. 글쓰기가 지금 이 순간 나의 연인이 됐다는 것만으로도 행복하다.

나이가 들면서 더욱 소중해지는 것은 자신 내면에 깊숙이 잠들어 있던 진정한 관심과 열정을 발견하는 것이다. 그것을 잘하고 못하고는 이슈가 아니다. 중요한 것은 그 자체로 기쁨을 준다는 것이다. 아끼고 사랑하는 취미 활동에 깊이 몰입하는 시간에는 무언가를 소유하거나 성취하려는 욕망도, 과거에 대한 후회나 미래에 대한 걱정도 모두 사라진다. 우리는 오랫동안 잊고 있던 진실을 재발견한다. 행복은 어디서 찾아오는 것이 아니라 이미 여기, 지금 이 순간에 있다는 것을.

## 삶의 모순을 받아들이며 얻는 지혜

세네카는 "죽음을 두려워하지 않는 자만이 진정으로 살 수 있다"고 말했다. 죽음에 대한 인식은 삶의 소중함을 더욱 깊이 깨닫게 한다. 매일 아침 눈을 뜨는 것, 따뜻한 햇살을 느끼는 것, 사랑하는 사람과 대화를 나누는 것 등 평범해 보이는 모든 순간이 얼마나 기적적이고 소중한지를 깨닫게 한다. 진정한 나이 듦의 지혜는 여전히 우리 안에 살아 있는 호기심과 경이로움을 잃지 않으면서도, 동시에 인생의 한계와 유한성을 받아들이는 데 있다. 이러한 역설적 균형 속에서 비로소 존재 자체의 순수한 기쁨을 맛볼 수 있다.

　나이 듦은 소유에서 존재로, 성취에서 수용으로, 미래에서 현재로 우리 삶의 중심을 이동시킨다. 이러한 전환은 상실이 아니라 성숙이며, 약화가 아니라 정제다. 포도가 발효되어 와인이 되듯이, 우리의 경험과 지혜도 시간을 통과하며 더욱 깊고 풍요로운 의미로 승화된다. 이것이야말로 나이 듦이 주는 가장 큰 선물이자 축복이다.

　세네카는 이미 2,000년 전에 이 진리를 알고 있었다. 나이 들수록 좋아하는 것들을 돌보라는 그의 조언은 오늘날에도 여전히 깊은 울림으로 다가온다.

삶의 후반부에 필요한 것은 더 많은 목표가 아니라,
오래 잊고 지냈던 기쁨을 돌보는 일이다.

## 02

# 타인의 인정은
# 삶의 기준이 될 수 없다

### 주체적 삶

공자는 "사십이불혹(四十而不惑)"이라 했다. 마흔이 되면 세상의 이치를 깨달아 미혹되지 않는다는 뜻이다. 마흔이 넘은 당신은, 아직도 세상 사람들이 주는 칭찬과 인정에 목을 매고 있지는 않은가? 진정으로 흔들리지 않는 삶을 살고 있는가?

많은 사람이 자신의 존재 가치를 타인의 인정에서 찾는다. 특히 IT 시대를 살아가는 지금, 수많은 사람이 자기 존재의 가치를 세상 사람들에게 받는 인기로 측정한다. 셀럽이나 연예인은 물론이고 유튜브 크리에이터들의 가치는 조회 수로 환산되며, 그것은 곧바로 부와 명성으로 이어진다.

인간이 타인의 인정에 목을 매는 것은 어쩌면 자연스러운 심리일지 모른다. 우리는 본질적으로 사회적 동물이기 때문에 타인의 반응과 평가에 민감할 수밖에 없다. 공동체에서 신뢰와 인정을 받고 가치 있는 존재로 여겨지길 원하는 것은 인간의 본능이다. 또한 어린 시절부터 부모와 교사의 인정과 칭찬을 통해 자아 존중감을 형성해 왔기에, 이러한 욕구는 우리 내면 깊숙이 뿌리내려져 있다.

## 인정에 의존할수록 커지는 공허와 불안

그러나 문제는 여기서 시작된다. 타인의 인정이 긍정적인 동기가 될 수는 있지만, 그것에만 의존하면 자신의 삶이 타인의 기대와 기준에 맞춰지는 감옥 같은 상태에 빠지게 된다. 타인의 인정을 끊임없이 추구하는 것은 자신의 내적 결핍을 보여 주는 신호다. 많은 경우 영적 공허함을 물건과 소비로 채우거나, 타인의 시선과 인정에 목을 맨다.

인정 중독에 빠진 사람은 간혹 인정받거나 부러움의 대상이 되어 잠시 행복감을 맛볼 수 있다. 하지만 그 순간은 찰나다. 곧 엄청난 공허감과 불안감이 밀려온다. 모든 행복과 성공이 타인의 평가에 달려 있기 때문이다. 그것은 내가 통제할 수 없는 영역이고, 따라서 불안할 수밖에 없다. 타인의 인정에 대한 끊임없는 갈증은 모래성을 쌓는 것과 같다. 처음에는 작은 칭찬 하나에도 큰 기쁨을 느끼지만, 인정의 욕구가 채워질수록 더 큰 인정을 갈망하게 된다. 이는 수익 체감의 법칙처럼, 같은 양의 인정으로는 이전과 같은 만족감을 느낄 수 없게 되는 것과 같다. 결국 무한한 공허함만을 남긴다.

## '좋아요'가 만들어 낸 또 하나의 감옥

오늘날에는 누구나 손에 쥔 스마트폰으로 타인의 인정을 쉽게 추구할 수 있다. 그러다 보니 소셜 미디어에 끊임없이 자신의 모습을 업로드 하며 타인의 인정을 구한다. 하지만 깊이 생각해 보라. 당신의 인스타그램에 '좋아요'를 누르는 그 누구도, 당신이 생각하는 만큼 당신에게 진정한 관심을 갖지 않는다. 반대로 자신을 돌아보라. 타인에게 진지한 관심을 기울이고 있나? 아마도 그렇지 않을 것이다.

'좋아요' 버튼을 누르는 것처럼 쉽게 얻을 수 있는 인정은 진정한 만족감을 줄 수 없으며, 오히려 자신을 타인의 기준에 맞춰 살도록 강요하는 또 다른 감옥이다.

현재 당신이 아무리 세상의 인정과 부러움을 한 몸에 받는다 해도, 그것은 진정한 성공이 아니다. 진정한 성공은 타인의 인정이라는 마약에 의존하는 상태가 아니라, 그것으로부터 자유로운 상태다. 공자가 말한 "육십이이순(六十而耳順)", 즉 예순이 되어 귀가 순해진다는 것은, 타인의 말에 흔들리지 않고 진리를 듣는 경지를 뜻한다. 하지만 마흔에 이미 불혹의 경지에 도달해야 한다면, 타인의 인정으로부터 자유로워지는 것은 그 첫걸음이 아니겠는가?

타인의 인정으로부터 자유로울 때 비로소 진정한 행복이 찾아온다. 인스타그램과 페이스북을 통한 끊임없는 인정 욕구에서 벗어날 때, 진정한 자유인이 될 수 있다. 타인의 시선이나 평가라는 감옥에서 해방될 때 비로소 진정한 자기 존중이 가능해진다.


## 소유에서 존재로, 인정에서 자유로

그렇다면 어떻게 타인의 인정에 지나치게 의존하지 않고 스스로의 가치를 인정하는 주체적 삶을 어떻게 살 수 있을까? 무엇보다 자신을 먼저 깊이 이해하고 수용하는 것이 중요하다. 자신의 강점, 약점, 감정, 욕구 등을 솔직하게 인식하고 이를 있는 그대로 받아들이는 과정이 필요하다. 이를 통해 외부에서 오는 인정에 대한 갈망이 줄어들고, 스스로를 인정하는 힘을 키울 수 있다. 자신만의 가치와 목표를 찾는 것도 중요하다. 타인이 정한 기준이나 기대가 아닌, 내가 정말로 중요하다고 생각하는 것에 집중하는 것이다. 자기 성찰과 명상으로 자신이 진정으로 원하는 것과 타인의 인정과 기대에서 자유로운 자신만의 기준을 발견할 수 있다.

톨레가 말하는 '소유의 삶'에서 '존재의 삶'으로의 전환은 인정 욕구의 덧없음을 초월하는 길이다. 이 시대의 영성 전문가인 톨레는 우리가 '유명한 배우나 작가'라는 타이틀, 즉 소유에 집착하는 대신, 자신의 작품을 통해 무수히 많은 사람에게 영감을 주고 그들의 삶을 풍요롭게 하는 과정 자체, 즉 존재에 의미를 둬야 한다고 강조한다.

이는 단순히 명성이나 인정을 추구하는 소유적 관점에서 벗어나, 자신의 본질적 가치와 존재 자체에 집중하는 것을 의미한다. 작가로서 베스트셀러를 내기 위해 글을 쓰는 것이 아니라, 글쓰기라는 행위 자체와 그것이 가져오는 창조적 기쁨 그리고 그 글이 독자에게 전하는 진정한 가치에 의미를 두는 것이다. 톨레의 관점에서 진정한 성취는 외부의 인정이나 평가가 아닌, 자신의 존재 자체에서 비롯된다.

우리가 '무엇을 소유하는가'나 '타인에게 어떻게 보이는가'에 몰두하는 대신, '어떻게 존재하는가'와 '어떤 가치를 창조하는가'에 집중할 때, 인정 욕구의 덧없음에서 벗어나 진정한 자유와 평화를 경험할 수 있다.

이것이 진정한 주체적 삶의 본질이다. 타인의 인정이나 외적 성공의 잣대에서 자유로워져, 자신의 본질적 가치와 내면의 풍요로움을 발견하고 그 안에서 참된 만족을 찾는 것이다. 공자가 말한 불혹의 나이, 마흔은 단순히 나이의 숫자가 아니다. 그것은 더 이상 세상의 헛된 것들에 흔들리지 않는 내적 성숙의 단계다.

지금이라도 늦지 않았다. 타인의 인정이라는 감옥에서 벗어나 자신의 내면을 들여다보라. 그곳에서 진정한 자유와 평화 그리고 흔들리지 않는 자기 자신을 발견하게 될 것이다. 그것이야말로 마흔 이후 추구해야 할 진정한 지혜이자, 나머지 인생을 주체적으로 살아갈 수 있는 유일한 길이다.

마흔 이후의 목표는 인정받는 사람이 되는 것이 아니라,
흔들리지 않는 사람이 되는 일이다.

# 03

# 왜 마흔에도
# 나는 여전히 쓸쓸할까

고독

나이가 들면서 점차 혼자 있는 시간이 늘어난다. 이때 많은 사람이 외로움을 호소하며 누군가 자신을 찾아 주기를 기다린다. 하지만 이러한 시간이야말로 우리에게 주어진 가장 큰 선물일지도 모른다. 외로움이 찾아왔다는 것은 사실 내가 나 자신을 찾아온 것이다. 이제 비로소 진정한 자아와 마주할 기회가 온 것이다.

먼저 외로움과 고독의 차이를 분명히 해야 한다. 외로움은 타인과의 연결이 끊어진 상태에서 느끼는 고통스러운 감정으로, 보통 비자발적이다. 사람들과 함께 있고 싶지만 그렇지 못할 때, 이해받지 못한다고 느낄 때 생기는 공허함과 소

외감이다. 반면 고독은 의도적으로 자신만의 시간을 선택하는 것이다. 혼자 있는 시간을 가지며 내면을 들여다보고 자신의 생각과 감정을 정리하며 진정한 자아와 만나는 자발적인 선택이다.

## 고독이 주는 선물

니체는 "혼자 있을 수 있는 자만이 진정으로 다른 사람과 함께 있을 수 있다"고 말했다. 그는 고독을 약함이 아닌 강함의 표현으로 보았다. 군중 속에서 자신을 잃지 않고, 타인의 시선과 평가에 휘둘리지 않는 독립적인 개인이야말로 진정한 존재라고 보았다. 니체에게 고독은 자신만의 가치를 창조하고 진정한 자아를 발견하는 필수적인 과정이었다. 세상의 잡다한 소음에서 벗어나 자신의 내면의 목소리에 귀 기울일 때, 비로소 우리는 남이 만든 가치가 아닌 자신만의 진정한 가치를 발견할 수 있다.

부처 역시 고독 속에서 깨달음을 얻었다. 보리수나무 아래 홀로 앉아 자신의 내면을 깊이 탐구하며 고통의 근원을 발견했다. 불교에서 말하는 '독처(獨處)'는 단순히 물리적으로 혼자 있는 것이 아니라, 마음의 평온을 찾기 위해 외부의 번잡함에서 벗어나는 것을 의미한다. 틱낫한은 "혼자 있는 시간은 자신과 친해지는 시간"이라고 표현했다. 우리가 끊임없이 외부 자극에 반응하며 살 때는 진정한 자신이 무엇을 원하는지 알 수 없다. 고요한 고독 속에서만 자신의 진실한 욕구와 필요를 들을 수 있다.

법정 스님은 '무소유'를 통해 현대인들에게 진정한 풍요로움이 무엇인지 보여 줬다. 그는 세상의 소유욕에서 벗어나 혼자만의 시간을 통해 내적 충만함을 추구했다. "텅 빈 것이 가득한 것"이라는 그의 말처럼, 외부의 것으로 채우려 하지 않을 때 오히려 진정한 만족을 얻을 수 있다. 특히 40대부터는 소유와 소비가 더 이상 확실한 행복을 주지 못한다는 것을 깨닫게 된다. 젊을 때처럼 더 많이 가지고 더 높은 지위에 오르고 더 많은 것을 성취한다고 해서 행복해지지 않는다는 것을 경험으로 알게 된다.


## 혼자 성찰할 줄 아는 사람은 자연스레 성장한다

실존주의 철학자들은 이러한 고독의 의미를 더욱 깊이 탐구했다. 장폴 사르트르는 "인간은 자유롭도록 운명 지어져 있다"고 말하며, 이 자유는 근본적으로 고독한 선택의 과정임을 강조했다. 우리는 태어날 때부터 혼자이며 죽을 때도 혼자다. 그렇다면 이 고독을 두려워할 것이 아니라 받아들이고 그 속에서 자신만의 의미를 창조해야 한다. 쇠렌 키르케고르는 "절망은 죽음에 이르는 병"이라고 했지만, 동시에 이 절망을 통과해야만 진정한 자아에 도달할 수 있다고 봤다. 혼자 있을 때 우리는 자신의 실존적 불안과 마주하게 되지만, 바로 이것이 진정한 성장의 시작점이다.

스토아 철학자들은 고독을 통한 자기 수양을 강조했다. 마르쿠스 아우렐리우스는 《명상록》에서 혼자만의 시간을 통해 자신을 성찰하고, 외부 상황에 휘둘리지 않는 내적 평온을 기르는 방법을 제시했다. 에픽테토스는 "우리가 통제할 수 있는 것과 통제할 수 없는 것을 구분하라"고 가르쳤는데, 이러한 지혜는 오직 고독한 성찰로만 얻을 수 있다. 세네카는 편지를 통해 "군중에서 벗어나 자신만의 시간을 가져야 한다"고 조언했다. 그들에게 고독은 도피가 아니라 진정한 지혜를 얻기 위해 꼭 거쳐야 할 과정이었다.

아르투어 쇼펜하우어는 《의지와 표상으로서의 세계》에서 고독의 가치를 더욱 명확히 제시했다. 그는 "혼자 있을 수 있는 능력이야말로 뛰어난 정신의 증거"라고 말했다. 범속한 사람들은 끊임없이 자극과 오락을 찾지만, 진정으로 풍부한 내면을 가진 사람은 자신 안에서 무궁무진한 세계를 발견한다. 그에게 고독은 창조와 사색의 원천이었다. 평범한 사람들이 지루함을 못 견뎌 하는 바로 그 시간에, 뛰어난 정신은 가장 깊은 통찰을 얻는다.

## 더 외로워야 덜 외롭다

누군가 "한 번밖에 없는 인생, 더 외로워야 덜 외롭다"고 했다. 역설적인 이 말은 철학적 통찰을 압축한 표현이다. 고독을 통해 자신을 깊이 알아 갈 때, 우리는 진정한 내적 충만함을 경험할 수 있다. 자신과 진정으로 친해질 때, 타인에게서 인정받고 사랑받아야 한다는 절박함이 줄고, 오히려 더 건강하고 진실한 관계를 맺을 수 있게 된다. 자신을 잘 아는 사람은 타인과의 관계에서도 더 진솔하게 소통할 수 있다. 내가 누구인지, 무엇을 원하는지 명확히 알 때 다른 사람들과도 더 깊이 있는 연결을 만들 수 있다.

이러한 깨달음은 특히 나이가 들면서 더욱 중요해진다. 젊을 때는 끊임없이 타인과의 관계 속에서 자신을 확인하려 하고, 외부의 성취와 인정으로 자신의 가치를 증명하려 한다. 하지만 40대를 넘어서면서 점차 이러한 외부적 추구가 진정한 만족을 주지 못한다는 것을 깨닫는다. 소소한 일상의 아름다움, 자연의 변화, 책 한 권에서 얻는 깊은 감동, 혼자만의 시간에서 느끼는 평온함 등이야말로 나이가 들수록 더욱 소중하게 다가온다.

외로울 때는 남에게 잘하려고 애쓰기보다는 자신에게 먼저 잘해야 한다. 세간의 이목을 신경 쓰지 말고, 외부의 시선을 의식하지 말고, 그저 자신의 욕망과 필요에 좀 더 충실한 시간을 가져야 한다. 이것이 건강한 이기주의이며 진정한 자기 사랑이다. 자신을 사랑할 줄 아는 사람만이 진정으로 다른 사람을 사랑할 수 있다. 자신과 평화로운 관계를 맺은 사람만이 세상과도 평화로운 관계를 맺을 수 있다.


## 나만의 시간, 어떻게 쓸 것인가

고독은 또한 창조의 원천이다. 인류 역사상 위대한 예술 작품, 철학적 통찰, 과학적 발견은 모두 고독한 성찰에서 나왔다. 베토벤의 교향곡, 미켈란젤로의 조각, 뉴턴의 만유인력의 법칙, 아인슈타인의 상대성 이론. 이 모든 것은 군중 속에서가 아니라 고독한 사색 속에서 탄생했다. 나이가 들수록 필요한 것은 새로운 것을 끊임없이 추구하는 것이 아니라,

이미 가지고 있는 것들을 더 깊이 들여다보는 것이다.

고전을 읽는 것도 이러한 고독의 시간을 풍성하게 만드는 방법이다. 니체, 부처, 법정, 틱낫한, 실존주의 철학자들, 스토아 철학자들, 쇼펜하우어 같은 위대한 사상가들과의 만남은 물리적으로는 혼자 있지만 정신적으로는 가장 뛰어난 동반자들과 함께하는 시간이다. 그들의 지혜를 통해 자신의 고독을 더욱 의미 있게 만들 수 있고, 단순한 외로움을 창조적 고독으로 승화시킬 수 있다.

결국 고독은 존재의 삶으로 인도하는 가장 확실한 길이다. 소유와 성취를 통한 행복 추구가 한계에 부딪힐 때, 고독은 다른 종류의 풍요로움을 선사한다. 그것은 외부에서 오는 것이 아니라 내부에서 발견되는 풍요로움이다. 혼자 있으면서도 결코 외롭지 않은 충만함, 아무것도 소유하지 않으면서도 모든 것을 가진 듯한 만족감, 아무도 인정해 주지 않아도 스스로를 온전히 받아들이는 평화로움. 이야말로 나이가 들수록 필요한 진정한 행복이다.

고독이 찾아왔다는 것은 저주가 아니라 축복이다. 이제 세상의 소음에서 벗어나 자신만의 리듬으로 살 수 있는 시간이 온 것이다. 타인의 기대와 사회의 요구에서 자유로워져 진정한 자신이 원하는 삶을 살 수 있는 기회가 주어진 것이다. 이

고독을 두려워하지 말고 받아들이고, 그 속에서 진정한 자아와 만나고, 존재 자체의 기쁨을 발견하자. 그럴 때 비로소 나이 드는 것이 잃어버리는 과정이 아니라 찾아가는 과정임을 깨닫게 될 것이다.

고독을 받아들이고 스스로와 친해질 때,
나이 듦은 상실이 아닌 성숙과 발견의 과정이 된다.

# 04

# 마흔부터는 자기 자신을
# 단단하게 사랑하라

자기애

행복하기를 원하는가? 행복은 무엇보다도 자기 자신을 사랑하는 것이다. 세상에 하나뿐인 '나'를 사랑하는 것이다. 누구나 이렇게 쉽게 말하지만 진정으로 자기를 사랑하기는 결코 쉽지 않다. 우리는 현재의 상황에 불만족하고 다른 이들과 비교하며 자신을 비하하고 우리에게 주어지지 않은 것들에 대해 끊임없이 불평한다. 그렇게 자기 사랑과 점점 멀어진다.

자기 사랑은 이기적인 것이 아니다. 자신을 돌보고 사랑하지 못하는 사람은 다른 사람도 돌보고 사랑할 수 없다. 예수는 "네 이웃을 네 몸과 같이 사랑하라"고 가르쳤다. 이 말은 자기 긍정과 타인 긍정의 삶을 함께 살라는 뜻이다. 자기 긍정의 힘이 없는데 어떻게 타인 긍정의 힘이 나올 수 있겠는가? 자기 사랑이 먼저 있어야 타인 사랑의 힘과 여유가 생긴다. 자기 자신을 사랑하지 못하면서 남을 사랑한다는 것은 거짓이다. 자기 사랑은 모든 사랑의 출발점이다.

## 자기 사랑에도 연습이 필요하다

그렇다면 자기 사랑을 위해 무엇을 해야 하는가? 먼저 자기 용서가 필요하다. 말하기는 쉬우나 세상에서 제일 어려운 것이 자기 용서다. 이는 자신의 부족함, 어리석음, 부도덕함을 있는 그대로 받아들이고 깊이 반성하는 데서 시작한다. 그러한 인정과 반성이 있고 진심으로 뉘우치는 마음이 있어야 비로소 나는 나를 용서할 수 있다. 진정한 자기반성은 자기 긍정으로 가는 중요한 첫걸음이다. 자기반성을 하지 않는 사람은 자신을 존중할 수 없게 되고 결국 자기 비하와 자기혐오에 빠진다.

깊은 자기 용서는 자기 연민으로 이어진다. 자기 연민은 자신의 고통에 공감하는 것이다. 이루지 못한 꿈에 대한 아픔, 분노와 슬픔, 나약함과 불안함을 따뜻한 시선으로 바라보는 것이다. 자기 연민은 자신의 불완전함을 인정하고 스스로에게 친절을 베푸는 것이다. 완벽을 추구하며 스스로를 옭아매는 대신 인간으로서 지닌 나약함을 인정하고 받아들이는 용기가 필요하다. 자기 연민이 깊어지면 자기 사랑으로 발전한다. 반대로 자기 사랑이 깊어지면 자기 연민이 되고 그 연민의 마음으로 자기 용서가 가능해진다.

자기 용서가 어려운 또 다른 이유는 타인 용서가 안 되기 때문이다. 타인 용서와 자기 용서는 동전의 양면과 같다. 타인을 용서하지 못하는 사람은 대부분 자기 자신도 용서하지 못한다. 우울증이나 불안 장애를 겪는 사람 중 상당수가 자기 부정적 태도를 가지고 있다. 쉽게 말해 내가 나를 용서하지 못하는 것이다. 타인 용서는 결국 나를 위한 것이며 자기 사랑의 한 형태다.

자기 사랑의 핵심은 자기 수용이다. 우리는 완벽하지 않으며 때로는 실수하고 좌절한다. 하지만 이러한 인간적인 면모를 인정하고 받아들이는 것이 자기 사랑의 시작이다. 과거의 후회나 미래의 불안에 얽매이기보다는 현재의 자신을 온전히 받아들이고 자신의 강점과 약점을 균형 있게 바라보는 것이 중요하다. 자기 수용은 우리의 결점과 상처, 불완전함을 판단하지 않고 포용하는 것이다. 우리의 고유한 이야기와 경험, 여정을 존중하는 것이다.

많은 사람이 '만약 그러했더라면', '다른 상황이었더라면' 같은 가정적 사고에 빠져 현재를 놓친다. 이러한 태도는 자기 사랑과 거리가 멀다. 자기 사랑은 지금 이 순간, 지금 있는 그대로의 나를 사랑하는 것이다. 자신의 능력이나 가능성 때문이 아니라 그저 내가 나이기 때문에 사랑하는 것이다. 사랑받을 만한 자격이 따로 필요한 것이 아니다.

## 자기 사랑은 어떻게 행복으로 연결되는가

자기 사랑은 능동적인 선택이다. 우리는 매 순간 선택의 기로에 서 있으며 어떤 선택을 하느냐에 따라 삶의 방향이 달라진다. 자신의 가치관과 목표를 명확히 하고 그에 따라 행동하는 것은 자기 사랑의 실천이다. 또한 자신의 선택에 책임을 지는 자세는 자기 존중을 높여 준다. 실패를 두려워하지 않고 새로운 도전을 통해 성장하며 스스로를 격려하는 과정이 진정한 자기 사랑이다.

자기 사랑은 또한 현재에 깨어 있는 것을 의미한다. 과거의 후회나 미래의 불안에 사로잡히지 않고 지금 이 순간을 온전히 경험하는 것이다. 특히 마흔 이후 인생의 위기를 맞은 중년이라면 더욱 그렇다. 지난 시간에 대한 후회로 오늘을 낭비하지 말라. '그때 그렇게 하지 말았어야 했는데', '다르게 선택했더라면'이라는 생각으로 귀중한 시간을 허비하지 말라. 과거는 바꿀 수 없지만 오늘은 바꿀 수 있다.

하루하루를 재미있게 살아가려 애쓰고 작은 희망이라도 붙잡고 어떻게든 살아가려 발버둥 치다 보면 신기하게도 막다른 곳에서 길이 보인다. 마법처럼 세상이 열린다. 이것은 희망 고문이 아니라 수많은 사람이 경험한 삶의 진실이다. 포기하지 않고 자기 자신을 사랑하며 오늘을 살아 내는 사람에게 인생은 반드시 새로운 문을 열어 준다. 지금 이 짧은 순간순간들이 이어져 인생이 된다. 당신은 지금 이 소중한 순간을 불안해하고 조바심치느라 놓치고 있지는 않은가?

## 스스로를 사랑하는 사람이 타인을 사랑할 수 있다

자기 사랑이 깊어질 때 비로소 타인 사랑이 가능해진다. 자기 사랑의 그릇이 채워져야 그 넘치는 사랑으로 타인을 사랑할 수 있다. 자기 사랑 없이 타인을 사랑한다는 것은 밑 빠진 독에 물 붓기와 같다. 자기 자신에게 먼저 연민과 친절을 베풀 수 있을 때 타인에게도 진정한 연민과 친절을 베풀 수 있다. 자기 사랑은 이기심이 아니라 건강한 타인 사랑의 조건이다.

결국 자기 행복은 자기 사랑에서 비롯된다. 행복은 외부 조건이 아니라 내면적 태도에 달려 있다. 우리가 우리 자신을 사랑하고 받아들일 때 비로소 진정한 행복의 문이 열린다. 우리는 매일을 행복하게 살아야 한다. 언제 끝날지 모르는 시간이기에 지금 이 순간이 소중하다.

인생의 마지막 순간까지 함께할 사람은 가족도, 배우자도, 친구도 아니다. 아무리 사랑하는 사람이라도 내 아픔을 대신 감당해 줄 수는 없다. 결국 내 몸의 아픔을 견뎌 내고 내 마음의 상처를 치유할 사람은 나 자신뿐이다. 그렇기에 나 자신을 아끼고 사랑해야 한다.

세상에 하나뿐인 나 사랑하기를 매일 실천하자. 작은 것에도 감사하고 나를 챙기고 보듬어 주자. 자기 행복은 멀리 있지 않다. 바로 내가 세상에 하나뿐인 나 자신을 사랑할 때 시작된다.

인생에서 가장 먼저 사랑해야 할 사람은
끝까지 함께 살아갈 '나 자신'이다.

# 05

# 자신에게 소중한 것을
# 아는 사람이 아름답다

### 나다움

40대에 들어서며 누구나 인생의 중요한 전환점을 맞이한
다. 이제껏 세상이 정해 놓은 궤도를 따라 달려 왔다면, 이제
는 나만의 길을 그려 볼 때다. 출세와 성공, 물질적 풍요라는
외부의 잣대로 삶을 재단하던 시기를 지나 삶의 본질적인 물
음 앞에 서는 것이다.

'나는 누구인가?'
'나는 무엇을 원하는가?'

이것은 패배가 아니다. 오히려 진정한 자기 발견을 향한

용기 있는 첫걸음이다.


## 삶은 스스로의 선택으로 만들어 가는 것이다

니체는 "나의 길은 이 길이다. 당신의 길은 어디에 있는가?"라고 물었다. 이 질문은 단순해 보이지만 깊은 울림을 담고 있다. 그는 우리에게 '남의 호흡'에 끌려다니지 말고 '자기호흡'에 맞춰 살라고 말한다. 세상의 평판에 귀 기울이느라 정작 내 안의 목소리를 놓치지 말라고, 남을 공격하고 비교하는 대신 나 자신을 사랑하라고 이야기한다.

니체 철학의 핵심에는 '가치 창조'가 있다. 이것은 남이 정해 놓은 기준을 따르는 것이 아니라, 자신만의 가치를 만들며 사는 것을 의미한다. 지금까지 우리는 사회가 만들어 놓은 가치표를 따라왔다. 학벌, 직위, 재산, 명예. 그러나 중년에 이르러 묻게 된다.

"나에게 진정으로 소중한 것은 무엇인가?"

이 질문에 스스로 답하고, 그 답을 바탕으로 자신만의 가치 체계를 세워 가는 것. 이것이 바로 나의 방식대로 떳떳하게 사는 길이다.

가치를 창조한다는 것은 거창한 일이 아니다. 남들이 뭐라 하든 나는 이것이 소중하다고 말할 수 있는 용기, 세상이 중요하다고 하지 않아도 내게는 의미 있다고 여기는 것들을 지켜 내는 것이다. 어쩌면 그것은 주말 아침의 산책일 수도 있고, 오래된 친구와의 대화일 수도 있으며, 아무도 알아 주지 않는 작은 취미일 수도 있다. 중요한 것은 그것이 '나의 선택'이라는 점이다. 처음에는 작고 사소해 보일 수 있다. 하지만 이런 작은 선택들이 모여 결국 당신만의 삶을 만들어 낸다.

마흔이라는 나이는 진정한 나의 삶을 시작하기에 가장 좋은 때다. 과거를 후회하기보다는, 그 모든 경험이 지금의 나를 만든 재료였다고 받아들이는 것. 이제 그 재료들로 새로운 집을 지을 차례다. 더 이상 '나중에'라는 말로 미루지 말라. 지금 이 순간을 진지하게 살아가는 것, 그것이 진정한 가치 창조의 시작이다.

## 세상의 기준에서 벗어나도 괜찮다

흥미롭게도 2,000년 전 동양의 장자 역시 같은 메시지를 전했다. 그는 붕새가 구만 리 하늘을 나는 것을 보고 비웃는 작은 새들의 이야기를 들려준다. 작은 새들은 자신의 기준으로 붕새를 이해하려 한다.

"저렇게 높이 날아서 뭐 해? 우리는 이 나뭇가지에서 저 나뭇가지로 날아다니는 것만으로도 충분한데."

하지만 붕새는 붕새의 방식으로, 작은 새는 작은 새의 방식으로 살면 되는 것이다.

장자는 여기서 더 나아가 '소요유(逍遙遊)'의 경지를 말한다. 이것은 단순히 자유롭게 노닌다는 뜻이 아니다. 외물에 얽매이지 않고, 자기 본성에 따라 자연스럽게 살아가는 것을 의미한다. 큰 나무는 쓸모없다고 베이지 않기에 오래 살고, 쓸모 있는 나무는 일찍 잘린다. 그렇다면 쓸모가 있는 것이 좋은가, 없는 것이 좋은가? 장자는 이런 이분법적 사고에서 벗어나라고 한다. 세상의 기준으로 '쓸모'를 판단하지 말고, 나만의 방식으로 존재의 의미를 찾으라는 것이다.

장자의 또 다른 이야기를 보자. 혜자가 장자에게 큰 박을 주며 말한다.

"이 박이 너무 커서 물을 담으면 들 수가 없고, 반으로 쪼개어 바가지를 만들면 너무 평평해서 아무것도 담을 수 없네. 쓸모없는 것이야."

그러자 장자가 답한다.

"그렇다면 강이나 호수에 띄워서 배처럼 타고 노닐면 되지 않는가?"

남들의 기준으로는 쓸모없어 보이는 것도, 관점을 바꾸면 새로운 가치를 발견할 수 있다는 것이다.

중년의 우리도 마찬가지다. 이제는 승진 경쟁에서 밀렸을 수도 있고, 젊은 사람들만큼 빠르지 못할 수도 있다. 세상의 기준으로는 '쓸모'가 줄었다고 여겨질 수 있다. 하지만 장자라면 이렇게 말할 것이다.

"그렇다면 이제 당신만의 방식으로 인생을 즐기면 되지 않는가?"

더 이상 남의 물건을 담는 그릇이 아니라, 넓은 세상을 노니는 배가 되어도 좋다는 것이다. 이것이 바로 니체가 말한 가치 창조이며 장자가 말한 소요유의 삶이다.

## '나다움'이라는 선물을 얻는 법

그렇다면 중년에 '나다움'을 찾기 위해서는 무엇이 필요할까? 역설적이게도, 그것은 고독이다. 많은 사람이 고독을 두려워한다. 혼자 있는 시간이 외롭고 불안하게 느껴지기 때문이다. 하지만 진정한 고독은 외로움과 다르다. 고독은 내가 주인이 되는 삶의 시작점이다.

고독 속에서 우리는 비로소 외부 세계에 쏟았던 지나친 관심을 거둬들이고, 자기 자신에게 온전히 몰입할 수 있다. 타인의 시선, 사회적 평가, 끝없는 비교로부터 잠시 벗어나 '나는 무엇을 좋아하는가, 무엇이 나를 살아 있게 하는가'를 돌아볼 수 있는 소중한 시간이 된다. 쇼펜하우어가 말했듯 "고독은 모든 뛰어난 인물의 운명"이다. 이는 고독이 불행한 것이 아니라, 자신만의 길을 가는 사람들에게 주어지는 선물이라는 의미다.

우리는 너무 오랫동안 밖을 향해 살았다. 남들의 평가가 어떤지, 내가 어떻게 보이는지, 무엇을 해야 인정받을 수 있는지. 이제는 그 시선을 안으로 돌릴 때다.

'무엇을 원하는가? 무엇을 할 때 행복한가? 진짜 내 모습은 무엇인가?'

이런 질문들과 마주하려면 고독해야 한다. 혼자만의 시간, 아무도 나를 판단하지 않는 시간, 세상의 소음에서 벗어나 내 내면의 목소리를 들을 수 있는 시간.

처음에는 어색하고 불편할 수 있다. 오랫동안 익숙했던 삶의 방식을 내려놓는다는 것은 쉬운 일이 아니다. 주변 사람들의 시선도 신경 쓰일 것이다. '나이 들어서 철없이 왜 저러나' 하는 말을 들을지도 모른다. 하지만 용기를 내 보라. 인생의 후반부는 전반부와 다른 방식으로 살아도 된다. 아니, 달라야 한다. 전반부가 세상이 원하는 길을 가는 시간이었다면, 후반부는 내가 원하는 길을 가는 시간이어야 한다.

'나다움'으로 산다는 것은 이기적으로 사는 것이 아니다. 오히려 진정한 나 자신을 만날 때, 우리는 타인에게도 더 진실하게 다가갈 수 있다. 억지로 맞추고 가장하던 관계에서 벗어나 있는 그대로의 모습으로 사람을 만날 수 있게 된다. 내가 나를 사랑할 때, 비로소 남을 제대로 사랑할 수 있는 법이다.

## 나를 기쁘게 하는 것은 무엇인가

지금 당신이 서 있는 자리가 어디든, 나이가 몇이든 중요하지 않다. 중요한 것은 지금부터다. 오늘부터 조금씩 자신에게 물어보라.

"무엇을 원하는가? 기쁘게 하는 것은 무엇인가?"

거창한 변화가 아니어도 좋다. 작은 선택부터 시작하면 된다. 주말 아침에 혼자만의 시간을 갖는 것. 오래 미뤄 둔 취미를 다시 시작하는 것. 남의 기대가 아닌 내 마음이 가리키는 방향을 따라가 보는 것.

남들이 보기에는 하찮아 보일 수 있지만, 당신에게는 소중한 것들. 그것들을 지키고 키워 나가는 것. 이것이 바로 자신만의 가치를 만들어 가는 과정이다. 니체가 말한 가치 창조이며, 장자가 말한 소요유의 삶이다.

니체의 질문을 다시 떠올려 본다.

"나의 길은 이 길이다. 당신의 길은 어디에 있는가?"

이제 답할 차례다. 당신만의 길을 찾아 나서도 괜찮다. 세상의 평판보다 내 마음의 소리에 귀 기울여도 된다. 남과 비교하는 대신 나 자신을 사랑해도 된다.

중년은 끝이 아니라 새로운 시작이다. 이제껏 쌓아 온 경험과 지혜를 바탕으로 진정으로 자유로운 삶을 살 수 있는 황금기다. 고독을 두려워하지 마라. 그것은 당신을 '나다움'으로 이끄는 가장 훌륭한 친구가 될 것이다.

마흔. 어쩌면 인생에서 가장 솔직해질 수 있는 나이다. 더 이상 뭔가를 증명할 필요도, 누군가를 만족시킬 필요도 없다. 이제는 그저 나로 사는 것. 그것으로 충분하다. 당신의 인생은 당신의 것이다. 이제는 당신의 방식대로, 당신의 속도로, 당신만의 길을 걸어가도 좋다. 그 길 위에서 만나는 당신 자신이 가장 아름다울 것이다.

마흔 이후는 남이 만들어 준 기준을 따라가는 삶에서 벗어나
나에게 맞는 삶의 방향을 다시 세우는 시기다.

# 3장

# 딸아, 누가 뭐래도
# 인생의 주인공은
# 네 자신이다

인생의 태도에 대해 생각하는 나이, 마흔

# 01

# 오늘, 지금 이 순간에
# 집중하는 삶

### 일상 속 기적

새벽 6시, 알람이 울린다. 피곤한 몸을 일으켜 출근 준비를 한다. 어젯밤 늦게까지 회사 보고서를 작성하느라 잠을 제대로 자지 못했다. 승진 심사가 코앞이라 마음이 무겁다. 대학생이 된 큰아이 등록금, 연로하신 부모님의 병원비도 걱정이다. 지금 조금만 더 참고 버티면 나아질 거라고 스스로에게 되뇌지만, 언제부터인가 오늘이 어제 같고 내일이 오늘 같은 삶을 살고 있다. 행복은 항상 '다음'에 있는 것 같다. 그런데 정작 그 '다음'이 왔을 때, 또다시 다음을 바라보고 있지 않았던가.

## 현재라는 선물

영어 'present'는 '현재'와 '선물'이라는 두 의미를 담고 있다. 이는 우연이 아니다. 우리는 매일 주어지는 '현재'라는 소중한 선물을 놓친 채 살아간다. 과거의 후회나 미래의 불안에 사로잡혀 지금 이 순간을 지나쳐 버린다.

틱낫한은 말했다.

"삶은 고통으로 가득 차 있지만 또한 푸른 하늘, 햇빛, 아이의 눈과 같은 경이로움으로 가득하다. 우리는 삶의 수많은 경이로움과도 만나야 한다. 그것들은 그대 안에, 그대 주위의 모든 곳에 존재한다."

심리학자 대니얼 카너먼의 연구에 따르면, 인간은 미래의 행복을 과대평가하고 현재의 만족을 과소평가하는 경향이 있다.

"승진하면 행복해질 거야. 집을 사면 안정될 거야."

하지만 그 순간이 왔을 때, 우리는 또 다른 목표를 향해 달리고 있지 않던가. 실제로는 지금 이 순간의 작은 기쁨들이 훨씬 큰 만족을 준다.

물론 미래를 준비하지 말라는 뜻은 아니다. 승진을 위해 노력하고, 자녀 교육을 계획하고, 노후를 대비해야 한다. 하지만 그 과정에서 현재를 희생하지 말아야 한다. 퇴근 후 집에 돌아와 가족과 저녁을 먹을 때, 그 순간만큼은 온전히 그들과 함께 있어야 한다. 스마트폰으로 업무 메일을 확인하거나 내일 회의를 걱정하는 대신, 아이의 학교 이야기에 귀 기울이고, 배우자의 하루에 관심을 가져야 한다.

아인슈타인은 말했다.

"삶을 사는 방법은 두 가지다. 기적은 없다고 여기며 사는 것, 또는 모든 것이 기적이라고 여기며 사는 것."

관점을 바꾸면 모든 것이 기적이 된다. 건강하게 걸을 수 있는 것, 따뜻한 밥을 먹을 수 있는 것, 사랑하는 사람들과 함께 있는 것. 이 모든 것이 당연한 게 아니라 선물이다.

### '지금'으로 돌아오는 연습

그렇다면 어떻게 바쁜 일상에서 현재 순간으로 돌아올 수 있을까? 틱낫한은 호흡에 주의를 기울이는 것만으로도 현재로 돌아올 수 있다고 가르쳤다. 회의 중에 스트레스를 느낄 때, 상사에게 혼날 때. 잠깐만 멈추고 호흡을 느껴 보라. 세 번만 깊게 숨을 쉬어도 마음이 가라앉는다.

지금 이 순간 자신의 몸을 느껴 보는 것도 중요하다. 의자에 앉아 있다면, 엉덩이가 의자에 닿는 감각을 느껴 보라. 서 있다면 발바닥이 땅에 닿는 느낌을 의식해 보라. 손끝의 따끔거림, 심장의 고동 소리를 느끼는 순간, 우리는 자동적으로 현재로 돌아온다.

현대 신경과학도 마음챙김의 효과를 입증한다. 단 8주간의 마음챙김 훈련만으로도 뇌의 회색질이 증가하고 스트레스 호르몬이 감소한다. 이는 더 이상 추상적인 영성의 문제가 아니라 과학적으로 입증된 사실이다.

현재 순간에 깨어 있는 삶은 관계의 질을 근본적으로 변화시킨다. 상대방과 대화할 때 정말로 그 사람의 말에 귀 기울인다면, 그 관계는 완전히 다른 차원으로 발전한다. 대부분의 부부 갈등, 부모와 자식 간 소통 단절은 서로가 현재에 없을 때 발생한다. 같은 공간에 있지만 각자 다른 생각에 빠져 있다면, 그것은 함께 있는 것이 아니다.

법정 스님은 말한다.

"지금 이 순간에 머물러라. 과거나 미래의 어느 때가 아니라 지금 이 순간이 나에게 주어진 유일한 순간임을 안다."


## 평범한 일상의 조각이 가장 소중하다

마흔이 넘으면 더 이상 무한한 시간이 남아 있지 않다는 것을 알게 된다. 어쩌면 이것이 축복일 수 있다. 시간의 유한함을 깨달았을 때, 비로소 현재 순간이 얼마나 소중한지 알게 되기 때문이다.

승진도 중요하고, 경제적 안정도 필요하고, 자녀 교육도 신경 써야 한다. 하지만 그 모든 것을 하는 과정에서 당신 자신을 잃어버린다면, 나중에 무엇을 얻는다 해도 의미가 없다. 승진했지만 건강을 잃었다면? 돈은 벌었지만 가족과 멀어졌다면? 그것이 진정 원하던 삶인가?

마흔의 당신에게 전하고 싶다. 이미 충분히 잘하고 있다. 가족과 회사를 위해 달려온 지난 시간이 헛되지 않다. 하지만 이제는 잠시 멈춰 서서 주위를 둘러볼 때다. 당신이 그토록 달려가려던 미래는 사실 지금 여기에 있다. 아침에 눈을 뜨는 것, 따뜻한 커피 한 잔, 사랑하는 사람의 미소, 퇴근 후 소파에 앉아 쉬는 순간. 이것이 바로 당신이 찾던 행복이다.

어느 날 문득 깨달을 것이다. 인생에서 아주 소중한 순간들은 큰 성취나 극적인 사건이 아니라, 그저 평범한 일상의 조각들이었다는 것을. 아이와 함께 웃었던 저녁, 배우자와 산책했던 주말, 친구와 나눴던 대화. 이런 순간들이 진짜 삶이었다는 것을. 그리고 그런 순간들은 지금도 계속 주어지고 있다.

오늘도 당신은 '현재'라는 선물을 받았다. 이 선물의 포장을 조심스럽게 풀어 보자. 그 안에는 당신이 미처 발견하지 못했던 삶의 진정한 가치가 담겨 있다. 마흔은 끝이 아니라 새로운 시작이다. 달리기를 멈추고 비로소 삶을 보는, 진정한 자유로 가는 여정의 시작이다.

과거와 미래에서 벗어나 현재의 감각에 온전히 머물 때,
평범한 일상이 선물하는 행복을 누릴 수 있다.

# 타인의 행복이
# 나에게 주는 의미

## 공동의 미래

"우리가 저녁 식사를 기대할 수 있는 것은 정육점 주인의
자비심이 아니라 그들의 이기심 때문이다."

애덤 스미스의 이 유명한 말은 오랫동안 서양의 심리학, 진
화론, 경제학을 지배해 온 관점을 압축한다. 인간은 본질적
으로 이기적이며, 다윈의 '적자생존' 개념처럼 자신의 생존
과 이익을 최우선으로 추구한다는 것이다. 이러한 시각은 수
세기 동안 인간 본성을 이해하는 주류 담론으로 자리 잡았고
현대 자본주의 경제 체제의 이론적 토대가 됐다.

반면 동양의 불교적 전통은 전혀 다른 인간상을 제시한다.

자비심과 이타심을 강조하며, 자신보다 타인을 우선시하고 보상을 기대하지 않고 타인을 위해 봉사하려는 동기를 인간 본성의 핵심으로 본다. 인간 본성이 이기적이냐 이타적이냐는 논쟁은 이렇게 인류 역사만큼이나 오래됐고, 동서양의 철학적 전통을 가르는 중요한 분기점이 됐다.

흥미롭게도 최근 신경 과학은 이 오래된 논쟁에 새로운 답을 제시하고 있다. 신경 과학자 리처드 데이비슨의 연구에 따르면, 인간의 뇌에는 공감과 이타적 행동에 반응하는 특별한 영역이 있으며, 더욱 놀라운 것은 이타적 행동이 행복 호르몬인 도파민과 세로토닌의 분비를 촉진한다는 사실이다. 이는 남을 돕는 행동이 단순히 도덕적 의무나 사회적 규범이 아니라 생물학적으로도 만족감을 주는 자연스러운 행동임을 의미한다. 결국 인간은 이기심과 이타심을 모두 지닌 복합적 존재이며, 이 두 가지 본성이 공존하며 우리의 행동을 이끈다.

이러한 인간 본성의 이중성은 오늘날 직면한 위기를 이해하는 중요한 열쇠다. 21세기 인류는 전례 없는 도전 앞에 서 있다. 극한 기상 현상이 전 세계를 강타하고, 미중 패권 갈등은 글로벌 경제 질서를 흔들며, 심화되는 소득 불평등은 사회 곳곳에서 분열과 갈등을 만들어 내고 있다. 이러한 문제들은 어느 한 나라나 개인의 노력만으로는 해결할 수 없는 복합적 성격을 띠고 있으며, 새로운 접근법을 요구한다.

## 이기심과 이타심을 넘어서는 새로운 길

어떻게 이 위기들을 극복할 수 있을까? 기후 위기 같은 세계적 문제를 순수한 이타심만으로 해결할 수 있을까? 반대로 인간의 이기심에 기초한 시장경제와 자본주의 시스템에 맡겨 두면 해결될 수 있을까? 프랑스 철학자 자크 아탈리와 앙드레 콩트 스퐁빌은 제3의 길을 제시한다. 바로 인간 본성의 이기심과 이타심이 상호 의존한다는 사실에 기반한 '이해타산적 이타주의'다.

스퐁빌은 이를 "자신의 이익과 타인의 이익을 조화시키는 이타주의"라고 정의한다. 그는 이해타산적 이타심이 상호 의존적인 관계에서 상대방의 이익을 고려하는 것이 곧 자신의 이익을 도모하는 것임을 인식하는 지혜라고 설명한다. 이는 이기적인 개인을 지혜롭게 만들어 주는 정치적 기술로서의 '연대 의식'이며, 사람들에게 남의 이익을 중시하는 것이 자신의 이익을 촉진한다는 것을 이해시키는 것을 의미한다. 아탈리 역시 비슷한 맥락에서 "다른 사람이 행복한 것은 좋은 일이다. 머나먼 나라의 가난한 사람들이 줄어들어야만 우리의 마음이 평안할 수 있다"고 강조하며, 상호 이익이 되는 이타주의를 통해 인류가 당면한 문제를 해결할 수 있다고 주장한다. 그는 자유와 자비를 결합한 이타주의가 전환점이라고 말하며, 타인의 행복에서 자신의 행복을 찾을 수 있는 능력이 필요하다고 역설한다.

## 이미 시작된 새로운 변화의 물결

이러한 이론적 논의는 단순히 철학적 사변에 그치지 않는다. 코로나19 팬데믹은 이해타산적 이타주의의 실천이 어떻게 현실에서 작동하는지 보여 주는 생생한 사례가 됐다.

한국인들은 전 세계 어느 나라 못지않게 마스크를 철저히 착용하고 방역 수칙을 준수했다. 이는 단순히 자신의 건강을 지키기 위한 행동이 아니었다. 마스크 착용은 자신을 위할 뿐만 아니라 타인에 대한 배려였으며, 개인의 이익과 공동체의 이익이 하나로 결합된 행동이었다. 이것이야말로 스퐁빌이 말하는 연대 의식이자 아탈리가 강조하는 상호 이익이 되는 이타주의의 구체적인 발현이었다.

기업 차원에서도 의미 있는 변화가 일어나고 있다. 최근

한국에서는 여러 AI 벤처 기업이 기업 자체의 이윤 추구뿐만 아니라 기후 위기를 해결하는 AI 기술을 개발하며 사회적 기업으로서의 역할을 수행하고 있다. 이들은 이윤 추구와 동시에 AI를 사용해 기후와 사회 문제 해결을 도모하며, 이는 전형적인 이해타산적 이타심의 실천이다. 깨어 있는 투자자들은 이러한 기업들을 주목한다. 그들은 단순히 재무적 수익만을 추구하는 것이 아니라 이윤 추구와 공동체 사회적 책임을 다 하는 기업들을 선호하며, 사회적 가치와 경제적 수익을 동시에 추구하는 '임팩트 투자'에 적극적으로 참여한다.

국제적으로도 주목할 만한 사례들이 있다. 패션 브랜드 파타고니아는 "지구가 우리의 유일한 주주"라는 철학으로 환경 보호와 수익 창출을 동시에 추구한다. 이 브랜드는 제품 생산에 사용되는 에너지를 100퍼센트 재생에너지로 전환하기 위해 노력하고, 제품 판매 수익의 1퍼센트를 환경 보호단체에 기부하고 있다. 이는 환경 보호라는 사회적 가치를 실현하면서도 브랜드 가치를 높이고 충성 고객을 확보하는 전략이 됐다. 기업의 이익 추구와 환경 보호가 상충하는 것이 아니라 상호 보완적일 수 있다는 것을 보여 주는 사례다.

이해타산적 이타주의는 개인, 기업, 정부 모든 차원에서 실천될 수 있다. 개인은 분리수거, 대중교통 이용, 로컬 푸드 소비 같은 일상적 실천으로 시작할 수 있다. 이러한 작은 실천들은 환경을 보호하면서도 장기적으로는 개인의 건강과 삶의 질을 향상시킨다. 기업은 단순한 사회 공헌 활동을 넘어서, 핵심 사업과 사회적 가치를 연결하는 '공유 가치 창출'을 추구해야 한다. 이는 사회적 문제 해결이 곧 새로운 시장 기회가 되고 경쟁력의 원천이 될 수 있음을 의미한다. 정부는 탄소세, 재생에너지 보조금, ESG(환경·사회·지배 구조) 공시 의무화 등을 통해 시장 메커니즘을 활용하면서도 사회적 가치를 실현하는 정책을 펼쳐야 한다.

미래는 더욱 희망적이다. 인공지능, 빅데이터, 사물인터넷 같은 첨단 기술은 이해타산적 이타주의의 실현을 돕는 강력한 도구가 될 수 있다. 스마트 그리드를 통한 에너지 효율성 향상, 정밀 농업을 통한 식량 안보 확보, 원격 의료를 통한 의료 접근성 개선 등이 가능해지고 있다. 블록체인 기술은 투명성과 신뢰성을 바탕으로 탄소 크레딧 거래, 공정 무역 인증, 사회적 임팩트 측정 등에서 새로운 협력 모델을 제시한다. 특히 주목할 점은 젊은 세대의 변화다. 이들은 환경과 사회적 가치를 더욱 중시하며, 그들의 소비 행동과 투자 결정은 기업과 정부의 정책 변화를 이끄는 강력한 동력이 되고 있다. '그레타 툰베리 효과'로 불리는 청년 환경 운동은 전 세계적으로 기후 변화 대응에 대한 인식을 높였으며, 이는 세대를 넘어선 이해타산적 이타주의의 확산을 보여 준다.

## 빨리 가려면 혼자 가고 멀리 가려면 함께 가라

아프리카 속담에 "빨리 가려면 혼자 가고, 멀리 가려면 함께 가라"는 말이 있다. 이 말은 21세기 인류가 직면한 상황을 정확히 포착한다. 코로나19 팬데믹은 소중한 교훈을 줬다. 바이러스는 국경을 가리지 않고, 부자와 가난한 사람을 구별하지 않는다. 한 나라만 백신을 확보한다고 해서 안전할 수 없고, 전 세계가 함께 대응해야만 극복할 수 있는 공동의 과제였다. 기후 위기, 패권 갈등, 불평등 문제도 마찬가지다. 어느 한 개인이나 국가의 노력만으로는 해결할 수 없는 문제들이며, 우리는 함께 가야 한다. 그리고 함께 가기 위해서는 서로의 이익을 고려하는 이해타산적 이타주의가 필요하다.

우리는 이제 선택해야 한다. 단기적 이익을 위해 서로 경쟁하고 갈등하는 길을 갈 것인가, 아니면 장기적 번영을 위해 협력하고 상생하는 길을 갈 것인가? 이해타산적 이타주의는 이상적인 꿈이 아니라 현실적인 선택이다. 이는 인간 본성에 대한 현실적 이해에서 출발한다. 우리는 완전히 이기적이지도, 완전히 이타적이지도 않은 복합적 존재다. 이러한 본성을 부정하거나 억압하는 것이 아니라 지혜롭게 활용하는 것이 이해타산적 이타주의의 핵심이다.

지구는 우리의 유일한 터전이고 인류는 운명을 함께하는 공동체다. 우리가 함께 만들어 갈 미래는 서로를 적으로 여기는 제로섬 게임의 세상이 아니라 모두가 승리할 수 있는 윈윈 게임의 세상이어야 한다. 이해타산적 이타주의는 그러한 세상을 향한 현실적이고 지속 가능한 길이며, 더 공정하고 지속 가능한 사회를 구축하는 데 기여할 수 있는 중요한 개념이다. 이 길은 나의 작은 선택이 모두의 미래를 바꿀 수 있다는 믿음에서 시작된다.

타인의 행복은 도덕적 선택이 아니라,
결국 나의 삶을 지키는 가장 현실적인 선택이다.

# 슬픔과 괴로움은
# 결말이 아니라 과정이다

**회복 가능성**

영화 〈반지의 제왕〉에서 마법사 간달프가 어둠 속에서 절망하는 호빗 프로도에게 건네는 말이 있다.

"고통, 이 또한 지나가리라."

이 한 문장은 단순한 위로를 넘어서 인간이 겪는 모든 고통과 시련이 영원하지 않다는 깊은 진리를 담고 있다. 삶에서 마주하는 깊은 상처와 아픔은 때로 우리를 무너뜨리기도 하지만, 그 고통은 우리를 이전보다 더 강하고 지혜로운 존재로 거듭나게 할 가능성을 품고 있다. 바로 이것이 '시련 속에서 피어나는 성장의 힘'이다.

## '우리'일 때 만들어지는 회복력

삶은 언제나 예상치 못한 고난과 시련을 안겨 준다. 충격적인 사고, 질병 또는 깊은 심리적 고통을 겪으며 우리는 무너질 위기에 처하기도 한다. 이러한 순간에 많은 사람이 경험하는 것이 PTSD(외상 후 스트레스 장애)다. 트라우마로 인한 불안, 우울, 집중력 저하, 수면 장애는 일상생활을 어렵게 만들며 그 영향은 신체와 정신의 건강에 치명적일 수 있다.

특히 대형 참사로 인한 신체적, 정신적 고통은 상상을 초월한다. 우리 사회가 경험한 세월호 참사와 이태원 참사를 떠올려 보자. 사랑하는 이를 잃은 유가족의 고통은 단순히 개인적 슬픔을 넘어선다. 그들은 예상치 못한 이별의 충격 속에서 깊은 절망과 분노, 무력감을 경험해야 했다. 더욱 가슴 아픈 것은 이들이 겪은 2차 피해였다. 진상 규명을 요구하며 거리로 나선 유가족들 앞에서 벌어진 일부의 무감각한 행동들은 상처받은 마음에 또 다른 상처를 남겼다.

하지만 그 절망적인 순간들 속에서도 우리는 인간 정신의 놀라운 회복력을 목격했다. 세월호 유가족들은 개인의 슬픔을 사회적 연대로 승화시켰고, 이태원 참사 유가족들은 같은 비극이 반복되지 않기를 바라는 마음으로 안전한 사회를 만들어 가는 활동에 참여했다. 그들의 용기 있는 목소리는 우리 사회 전체에 깊은 성찰을 가져다줬다. 이들이 보여 준 것은 고통을 딛고 일어서는 인간의 존엄성이었으며 고통을 새로운 희망과 사회적 연대, 사회적 공감대를 형성하는 인간의 존재론적 강인함이었다.

## 시련 속에서 발견되는 성장의 가능성

이러한 경험들은 중요한 질문을 던진다. 과연 극도의 고통 속에서도 성장과 회복의 가능성이 존재할까? 대부분의 사람이 PTSD에 대해서는 익숙하게 여기지만, PTG(외상 후 성장, Post-Traumatic Growth)라는 개념에는 상대적으로 낯설어한다. 하지만 이 개념이야말로 가능성의 심리학이 제시하는 중요한 통찰 중 하나다. PTG는 외상 이후 새로운 관점과 내면의 변화로 개인이 이전보다 더 높은 수준의 심리적, 정서적 성장을 이룰 수 있음을 의미한다. 이는 트라우마가 단순히 상처로만 남지 않고, 오히려 내면의 강인함과 지혜를 발현하는 계기가 될 수 있음을 보여 준다. 실제로 PTG를 경험한 사람들이 보고하는 변화는 놀라울 정도다. 어려움을 극복하는 과정에서 자신의 강점과 한계를 새롭게 인식하고, 이전보다 더 깊은 자기 이해를 얻는다. 많은 경우 트라우마를 겪은 후 가족, 친구, 동료들과의 관계가 더욱 깊어지거나, 새로운 관계에서 더 큰 의미를 발견한다. 더 나아가 고통 속에서 삶의 목적과 의미를 재정립하며, 새로운 목표를 설정하고 삶을 더 충실하게 사는 방향으로 간다.

그렇다면 이러한 변화는 어떻게 가능한 것일까? 하버드대학교의 탈 벤 샤하르 교수는 그의 저서《행복이란 무엇인가》에서 가능성의 심리학의 핵심을 제시한다. 그는 진정한 행복이 단순히 긍정적인 감정을 느끼는 것이 아니라, 의미 있는 삶을 통해 개인의 잠재력을 실현하는 과정에서 나온다고 강조한다. 이는 PTG와 놀랍도록 일치하는 관점이다. 고통스러운 경험조차도 우리의 성장과 의미 발견의 기회가 될 수 있다는 것이다.

샤하르는 "행복은 목적지가 아니라 여행 그 자체"라고 말한다. 이는 시련의 순간에도 성장의 가능성을 열어 두는 마음가짐의 중요성을 시사한다. 고통을 겪는 동안에도 우리는 배우고 성장할 수 있으며, 그 과정에서 더 깊은 의미와 목적을 발견할 수 있다. 하버드대학교의 또 다른 심리학자인 엘런 랭어 교수가 강조하는 '마인드풀니스'의 개념 또한 PTG를 이해하는 데 중요한 열쇠를 제공한다. 그녀가 말하는 마인드풀니스는 현재 순간에 깨어 있으면서도 새로운 가능성에 열린 마음가짐을 의미한다.

### 시련을 기회로 바꾸는 세 가지 조건

랭어 교수는 다음과 같이 주장한다.

"우리가 '불가능하다'고 여기는 대부분의 한계는 실제로 우리의 사고방식에서 비롯된다."

트라우마를 겪은 사람들이 고정된 사고방식에서 벗어나 새로운 관점으로 자신의 경험을 재해석할 때, 놀라운 성장이 일어난다. 하지만 가능성의 심리학이 우리에게 가르쳐 주는 중요한 점은 외상 후 성장이 저절로 일어나는 것이 아니라는 것이다. 특정한 조건들이 갖춰질 때 그 가능성이 크게 높아진다.

첫째는 긍정적 태도의 힘이다. 이는 단순한 낙관주의가 아니라 고통 속에서도 배움과 성장의 기회를 찾으려는 의지다.

둘째는 깊은 자아 성찰의 과정이다. 고통스러운 경험을 통해 자신의 내면을 들여다보고, 진정한 가치와 우선순위를 재발견하는 것이다. 셋째는 사회적 지지의 중요성이다. 혼자서는 감당하기 어려운 고통도 함께하는 사람들이 있을 때 성장의 기회로 전환될 수 있다.

이 마지막 조건과 관련해, 우리는 진정한 성찰이 필요하다. 대형 참사의 유가족들에게 우리가 보낸 사회적 지지는 충분했을까? 그들이 가장 절망적인 순간에 따뜻한 위로와 실질적인 도움을 받을 수 있었을까? 진정한 회복과 성장을 위해서는 사회 전체가 상처받은 이들을 감싸안는 성숙한 공감 능력이 필요하다. 이는 단순한 동정이나 일시적인 관심이 아닌, 지속적이고 진심 어린 연대 의식이어야 한다.

## 인간의 마음이 가진 가장 큰 능력

가능성의 심리학은 어떤 상황에서도 성장과 발전이 가능하다는 것을 강조한다. PTG는 단순한 회복을 넘어서는 개념으로, 고통을 통해 더 강인해지고, 더 지혜로워지며, 더 깊이 있는 삶을 살아가도록 이끄는 과정을 뜻한다. 간달프의 말, "이 또한 지나가리라"는 것은 단순히 고통이 끝날 것이라는 위로가 아니다. 그것은 고통을 통해 우리가 이전보다 더 강하고 지혜로운 존재로 거듭날 수 있다는 희망의 메시지다.

가능성의 심리학이 전하는 가장 중요한 메시지는 인간의 마음이 불가능을 가능으로 바꾸는 놀라운 능력을 지녔다는 것이다. 우리의 태도와 인식에 따라 같은 시련도 전혀 다른 의미를 가질 수 있다. 지금 이 순간 고통 속에 있는 모든 이에게 전하고 싶은 말이 있다. 당신이 겪고 있는 아픔은 결코 헛되지 않다. 그 고통은 당신을 더 깊이 있는 인간으로, 더 지혜로운 존재로 만들어 줄 가능성을 품고 있다. PTG는 선택받은 소수의 특권이 아니다.

가능성의 심리학이 보여 주듯 올바른 마음가짐과 따뜻한 지지, 성찰을 통해 누구나 시련을 성장의 디딤돌로 만들 수 있다. 어둠 속에서도 빛을 향해 자라나는 새싹처럼 마음 또한 고통 속에서 더 강인한 희망을 꽃피울 수 있다. 불가능은 우리의 선택에 따라 언제든 가능성으로 바뀔 수 있으며, 그 변화의 열쇠는 바로 우리의 손에 있다.

인간의 마음이 지닌 회복력과 가능성에 대한 믿음이 있을 때,
위기는 성장의 디딤돌로 바뀐다.

## 04

# 호기심을 잃지 않는 어른은 늙지 않는다

경이로움

마흔이 넘은 우리는 일과 자기 성취에 몰두한다. 바쁘게 살다 보니 주변의 자연과 사물에 점점 관심을 잃어 간다. 우리의 감성도 자연스럽게 마모된다. 처음 보는 것에 대한 설렘을 잃어버리고, 일상의 작은 기적들을 당연하게 여긴다.

어린아이들을 마주할 때마다 그 반짝이는 눈동자, 호기심으로 가득한 표정을 보면 얼마나 많은 경이로움을 놓치고 살았는지 깨닫게 된다. 미국의 시인 마야 앤절로는 이렇게 말했다.

"인생은 숨을 쉰 횟수가 아니라 숨 막힐 정도로 벅찬 순간을 얼마나 많이 가졌는가로 평가된다."

숨 막힐 정도로 가슴 벅찬 순간이란 무엇일까? 첫눈이 내
릴 때 가슴이 두근거리는 순간, 친구의 웃음소리에 따라 웃
게 되는 순간, 책을 읽다가 '아!' 하고 깨닫는 순간, 누군가를
도왔을 때 느끼는 따뜻함, 밤하늘의 별을 보며 우주의 신비
에 감탄하는 순간이다. 기쁨의 삶을 사는 데 항상 느린 시간
만 필요한 것은 아니다. 때로는 한순간으로 충분하다. 감탄
하고 놀라는 순간은 마치 인생의 소금처럼 삶을 더 잘 버틸
수 있도록 일상에 작은 풍미를 더한다.

언제 마지막으로 진정으로 '우아!' 하고 감탄했는가? 언제
마지막으로 무언가에 완전히 빠져들어 시간 가는 줄 몰랐는
가? 아마 기억하기 어려울 것이다. 우리는 너무 바쁘게 살고
있으니까.

### 경이로움에 눈뜨게 하는 힘

경이로움과 호기심은 동전의 양면과 같다. 호기심이 있어
야 감탄할 수 있고, 감탄할 수 있어야 더 궁금해한다. 완전하
게 통제되고 엄격하게 계획된 삶을 고집하는 사람은 '놀랄 권

리'를 포기하는 셈이다. 특히 마흔을 넘긴 이들에게 이런 호기심은 더욱 소중하다. 책임과 피로에 짓눌려 삶이 무겁게만 느껴질 때, 아이 같은 호기심이야말로 우리를 다시 살아 있게 만드는 힘이다.

'이제 다 아는데 뭘 더 궁금해해?'라고 생각할지 모르지만, 진짜 지혜는 '모른다'는 것을 아는 데서 시작된다. 마흔의 경험이 있기에 오히려 더 깊은 질문을 던질 수 있고, 더 섬세한 아름다움을 발견할 수 있다.

이제 인공지능이 우리 삶 깊숙이 들어왔다. AI가 시를 쓰고 그림을 그리고 음악도 만든다. 하지만 AI에게는 결정적으로 부족한 것이 있다. 인공지능은 어떤 것도 경이롭게 여기지 않는다. 함께 술을 마시지도 않으며 슬픔에 함께 울지도 않는다.

상상해 보자. AI와 함께 밤하늘을 올려다본다면? AI는 "별의 개수는 대략 2,000억 개이고, 가장 가까운 별까지의 거리는 4.37광년이다"라고 정확한 정보를 알려 줄 것이다. 하지만 그 아름다운 밤하늘의 무한한 별을 바라보면서 위엄에 눌려 자신이 작은 먼지처럼 느껴지는 그 숭고한 감정을 경험하지 못한다. AI는 친구의 농담에 진짜로 웃지 않는다. 그저 "하하하"라는 문자로 웃음을 표현할 뿐이지, 배꼽을 잡고 웃

다가 눈물이 나는 그런 경험을 하지 못한다.

　이것이 바로 우리가 AI와 다른 점이다. 우리는 불완전하지만, 바로 그 불완전함 때문에 아름다운 순간들을 경험할 수 있다. 새로운 문을 열 때 마주하는 '놀라움'은 예고 없이 찾아온다. 그리고 우리는 그 순간 감정적이고 본능적으로 반응한다. 놀라움은 갑작스럽게 우리의 사고를 확장시킨다. "어? 이런 일도 가능하네?", "세상에 이런 것도 있었어?"라고 말하는 순간들이 삶을 재편한다.


## 호기심은 인간을 인간답게 만든다

　사소한 놀라움도 삶을 변화시킬 수 있다. 길에서 우연히 만난 강아지의 인사, 카페에서 들은 낯선 음악, 책에서 발견한 한 줄의 문장. 이런 작은 것들이 우리에게 새로운 관점을 선사한다. 갑작스러운 깨달음, 갑작스러운 만족감은 모두 우리를 살아 있는 모든 것과 친밀하게 만들어 준다. 그리고 그것은 오직 '지금 여기'에만 존재한다.

　과거의 후회나 미래의 걱정에 사로잡혀 있을 때는 이런 순간들을 놓치게 된다. 하지만 현재에 온전히 집중할 때, 우리는 평범한 일상에서도 특별함을 발견할 수 있다. 이런 강렬하고 충만한 순간들을 설명하는 데 자주 사용되는 용어가 바로 마음챙김이다. 마음챙김은 단순히 명상 기법이 아니라 삶을 살아가는 방식이다.

요즘 명상에 대한 관심이 커지고 있다. 그럴 만한 이유가 있다. 명상은 우주 속 나에 대해 알게 해 준다. 명상을 하다 보면 신기한 경험을 한다. 내 호흡에 집중하다 보면 숨이 들어오고 나가는 것이 이렇게 신비로운 일이었나 싶다. 내 심장 박동 소리를 들으면 이 작은 근육이 평생 쉬지 않고 뛰고 있다는 것이 경이롭다.

지금 여기에 있는 나 자신을 이해하는 일과 지구 생명의 긴 역사에 나를 위치시키는 일은 다른 차원의 경험이다. 하지만 둘 다 삶의 충만함을 실현하는 데 필요하다. 우리의 삶은 세 가지 시간 좌표계로 짜여 있다. 현재의 순간, 장기적 시간 그리고 영원의 시간이다. 현재의 순간에서는 지금 이 글을 읽고 있는 당신의 감정에 집중한다. 장기적 시간에서는 이 깨달음이 당신의 삶에 어떤 변화를 가져올지 생각해 본다. 영원의 시간에서는 인간이라는 존재, 우주라는 신비에 대해 사색한다.

공간도 마찬가지다. 친밀한 공간과 고결한 공간, 작은 여기의 공간과 큰 저곳의 공간 사이를 오가며 우리는 삶의 관점과 방향을 찾는다. 삶은 작은 개인인 나부터 내가 아끼는 사람들, 그리고 앞으로 만나게 되거나 만나지 못할 모든 사람에 이르는 다양한 관계의 연결망이다. 궁극적으로 선하고 의미 있는 삶은 이 모든 차원 사이에서 올바른 균형을 찾는 데 달려 있다.

앤절로의 말처럼 인생은 얼마나 오래 살았느냐가 아니라 얼마나 많은 벅찬 순간을 경험했느냐로 평가된다. 그 벅찬 순간들은 멀리 있지 않다. 바로 지금, 여기에 있다. 그것을 알아차릴 준비만 되어 있다면 말이다. 호기심을 잃지 않는다면, 아이처럼 세상을 바라볼 수 있다면, 행복은 조금씩 확실하게 증가할 것이다.

호기심을 잃지 않는 한,
삶은 나이와 상관없이 다시 살아난다.

# 05

# 마흔이 되어서야 깨닫는
# 시몬 베유의 진리

### 진정한 자유

마흔이라는 나이는 참 묘하다. 아직 젊다고 생각하면서도 어느새 인생의 절반을 넘어선 자신을 발견하게 된다. 꿈꾸던 것들이 하나둘 현실의 벽에 부딪히고, 사업은 예상치 못한 방향으로 흘러가며, 일자리는 불안하고, 한때 뜨겁게 사랑했던 관계들이 권태로 변해 간다. 주변에서는 이혼 소식이 들려오고, 부모님의 건강이 걱정되기 시작한다.

저마다 아픔의 모양이 달라지는 이 시기에 철학자 시몬 베유가 남긴 메시지는 새로운 길을 보여 준다. 베유는 명문 고등사범학교를 졸업했지만 노동자들의 삶을 체험하기 위해 공장에서 일했고, 끊임없이 타인의 고통에 공감하며 살았다.

프랑스 유대계 지식인 가정에서 태어난 베유는 34세의 나이로 세상을 떠났지만, 그 짧은 시간 동안 삶의 가장 깊은 진리를 발견했다.

"우리가 소유하는 것은 우리를 소유한다."

《중력과 은총》에 등장하는 베유의 이 말은 마흔을 지난 우리의 가슴에 깊이 박힌다. 사업이 실패했을 때, 실직을 당했을 때, 우리는 잃어버린 것들에 대한 아쉬움으로 괴로워한다. 하지만 베유는 이렇게 말한다. 사실 그 모든 것이 당신을 자유롭게 해 주지 못했다는 걸 이제야 깨달을 수 있다고. 당신이 소유했다고 믿었던 그것들이 실은 당신을 소유하고 있었다고. 명함에 적힌 직함이 당신을 규정했고, 대출받은 집이 당신의 선택을 제한했으며, 타인의 시선이 당신의 행동을 통제했다.

### 진리는 손을 움켜쥘 때가 아닌, 펼쳐 놓을 때 온다

안정적이던 관계가 권태로 변했을 때, 우리는 본능적으로 상대방을 더 강하게 붙잡으려 한다. 하지만 상대방을 더 강하게 붙잡으려 할수록 관계는 더 멀어진다. 베유는 사랑도 마찬가지라고 말한다. 진정한 사랑은 소유하려는 것이 아니라 자유롭게 해 주는 것이다. 내가 먼저 손을 펼쳐 놓을 때, 그래서 상대방이 떠날 수도 있다는 두려움을 받아들일 때, 역설적으로 진짜 사랑이 찾아올 수 있다.

인간관계에서 한번 상처받은 사람은 더 이상 자신을 드러내려 하지 않는다. 마치 갑옷을 입은 듯이 스스로를 무장하는 것이다. 하지만 베유는 반대로 말한다. 상처받은 자아를 고집하지 말고 그것을 비워 내라고. 내가 옳고 상대가 틀렸다는 확신, 내가 피해자라는 정체성, 나를 지켜야 한다는 강박을 내려놓으라고. 그 빈 공간에 새로운 가능성이, 예상치 못한 기쁨이 들어올 것이라고.


## 우리는 우리가 사랑하는 것에 의해 존재한다

베유가 말하는 사랑은 소유욕이 아니다. 진짜 사랑은 상대방을 있는 그대로 받아들이고, 그의 행복을 진심으로 바라는 것이다. 내 아이가 내가 원하는 명문대에 가지 못했을 때도, 배우자가 기대만큼 성공하지 못했을 때도, 그들을 사랑할 수 있는가? 그때 비로소 우리는 진짜 사랑이 뭔지 알게 된다. 진정한 사랑을 통해서 우리는 인생의 의미를 발견한다.

베유는 미래를 위해 현재를 희생하지 말라고 한다. '아이가 대학만 가면', '승진만 하면', '빚을 다 갚으면' 행복할 거라는 막연한 기대. 하지만 '그때'는 결코 오지 않는다. 베유는 말한다. 언젠가 행복해질 거라는 막연한 기대보다 지금 이 순간 할 수 있는 작은 사랑들에 집중하라고. 오늘 저녁 가족과 함께하는 식사 시간에 온전히 집중하기. 힘들어하는 친구에게 진심 어린 관심 보이기. 출근길에 만난 작은 꽃 한 송이에도 미소 짓기. 이런 순간들이 쌓여서 우리의 존재가 완성된다.

## 자유는 필연을 받아들이는 데서 완성된다

베유는 평생 병약한 몸으로 고생했다. 하지만 그녀는 자신의 한계를 원망하지 않았다. 오히려 그 한계를 받아들임으로써 더 깊은 자유를 발견했다. 마흔이 넘은 우리도 마찬가지다. 더 이상 20대의 체력은 없다. 모든 꿈을 다 이룰 수도 없다. 하지만 그것을 인정하고 받아들일 때, 우리는 진짜 소중한 것이 무엇인지 알게 된다. 통제할 수 없는 것에 대한 걱정에서 벗어나, 진짜 내가 할 수 있는 일에 집중할 수 있다.

마흔의 당신이 지금 겪고 있는 모든 어려움이 사실은 새로운 삶으로 가는 문이다. 사업 실패는 정말 삶에서 중요한 것이 무엇인지 알려 주는 신호일 수 있다. 실직은 내가 정말 하고 싶은 일이 무엇인지 돌아볼 기회가 될 수 있다. 이혼이나 이별은 진짜 사랑을 배울 기회가 될 수 있다. 주변 사람들의 죽음은 지금 살아 있는 매 순간이 얼마나 소중한지 깨닫게 해 준다.

"실체를 붙잡으려는 순간, 그것은 사라진다. 존재하려면 먼저 없어져야 한다."

주위의 모든 것을 붙잡으려 하지 마라. 행복을 붙잡으려 하고, 사랑을 소유하려 하고, 성공을 움켜쥐려 하지 마라. 통제하려 하지 마라. 그냥 지금 여기에 있는 것들을 사랑하라. 완벽하지 않은 나 자신을, 부족한 내 가족을, 때로는 날 실망시키는 친구들을, 있는 그대로 받아들이고 사랑하라. 그럴 때 마흔의 진짜 의미를 발견하게 될 것이다.

소유의 삶에서 존재의 삶으로. 경쟁에서 연민으로. 불안에서 현존으로. 이것이 베유가 마흔의 당신에게 알려 주는 진정으로 삶을 누리는 방법이다.

이 전환은 하루아침에 일어나지 않는다. 오랜 습관을 버리고 새로운 방식으로 사는 것은 어렵고 더디다. 하지만 한 걸음씩 나아가다 보면, 어느 순간 당신은 전에 없던 평화를 경험하게 될 것이다. 무언가를 이뤄야 한다는 강박에서 벗어나, 그냥 지금 여기에 존재하는 것만으로도 충분하다는 깨달음을 얻게 될 것이다.

사랑은 붙잡는 것이 아니라,
자유롭게 두는 용기에서 시작된다.

## 06

# 더 잘 살고 싶기 때문에
# 불안해진다

마인드풀니스

아침 알람이 울리자마자 스마트폰을 확인하고, 지하철에서도 계속 화면을 들여다보며, 밤늦게까지 무언가를 해야 한다는 강박에 시달리는 우리의 모습을 상상해 보자. 이것이 우리가 살고 있는 현실이다.

현대 사회는 거대한 쳇바퀴와 같다. 우리는 더 많은 돈, 더 높은 지위, 더 큰 성공을 위해 끊임없이 달려간다. 하지만 목표를 달성해도 기쁨은 잠깐, 곧 또 다른 욕망이 고개를 든다. '이번 승진하면 행복할 거야', '이 프로젝트만 끝나면 여유로워질 거야'라고 생각하지만, 그다음 목표가 우리를 기다리고 있다.

특히 AI 시대에 접어들면서 이런 현상은 더욱 심해졌다. AI가 우리 일자리를 대체할지도 모른다는 불안감이 가중되면서, 많은 사람이 뒤처지면 안 된다는 강박에 시달리고 있다. 새로운 기술을 배워야 한다는 압박감, 끊임없이 업그레이드 해야 한다는 조급함이 우리를 더욱 불안하게 만들고 있다.

## 존재하지 못하는 상태, 휴머니아

영성 전문가 스티브 테일러는 이런 현대인의 상태를 '휴머니아(Humania)'라고 명명했다. 이는 단순한 스트레스나 바쁨을 넘어선, 현대인이 겪는 근본적인 정신적 불안정 상태를 말한다.

휴머니아의 핵심은 우리가 '존재하지 못하는 상태'다. 현대인은 끊임없이 무언가를 '하고', '성취하고', '소유해야' 한다는 강박에 시달리며, 정작 지금 이 순간에 온전히 존재하는 능력을 잃어버렸다. 이는 중독자가 더 강한 자극을 찾듯이, 우리도 더 많은 성취와 외부 자극을 통해 내면의 공허함을 채우려 애쓰는 상태다. 테일러는 이러한 휴머니아의 주요 증상을 '자신 밖에서 살아가기', 즉 그저 '존재'할 수 없고 끊임없이 뭔가를 필요로 하는 상태로 설명한다.

AI 시대에 이런 현상은 더욱 심화됐다. 정보 과부하, 끊임없는 비교, 기술 발전에 뒤처질까 하는 불안감이 휴머니아를 가속화하고 있다. 정보의 홍수 속에서 우리는 끊임없이 무언가를 소비하고 있지만, 정작 내면은 더욱 메말라 가고 있다. 소셜미디어에서 다른 사람들의 성공담을 보며 자신을 비교하고, 인공지능의 놀라운 능력을 보며 자신의 가치를 의심하게 된다.


## 깨어 있는 삶의 감각

그렇다면 이런 휴머니아에서 벗어날 방법은 없을까? 테일러는 '존재의 조화로움'이라는 개념을 제시한다. 이는 단순히 스트레스를 줄이거나 일시적으로 휴식을 취하는 것과는 차원이 다른 접근법이다.

존재의 조화로움이란, 지금 이 순간에 온전히 존재하며 내면의 평화를 찾는 상태를 의미한다. 마치 잔잔한 호수처럼 마음이 고요해져서, 외부의 소음과 혼란에 휘둘리지 않는 상태 말이다. 이때 우리는 끊임없는 욕망의 굴레에서 벗어나 진정한 자유를 경험할 수 있다.

테일러가 말하는 존재의 조화로움은 '각성 경험'의 일상화에서 온다. 테일러는 우리의 일상적 의식이 실제로는 일종의 '잠'이며, 때때로 우리는 더 강렬하고 완전한 현실로 '깨어난다'고 말한다. 전통적인 명상이나 철학적 사색보다는 일상에서 자연스럽게 일어나는 각성의 순간들을 인식하고 확장하는 것에 주목한다.

테일러는 갑작스러운 깨달음보다는 점진적으로 깨어 있는 상태를 일상에 통합하는 것을 강조한다. 이는 특별한 수행법보다는 평범한 일상 활동, 즉 걷기, 먹기, 대화하기 등을 더 의식적으로 경험하는 것에서 시작된다.

이런 상태에서는 몇 가지 특별한 경험을 하게 된다. 먼저 시간에 대한 인식이 바뀐다. 평소에는 '시간이 없다, 빨리 해야 한다'는 조급함에 시달렸다면, 존재의 조화로움 속에서는 시간이 멈춘 것처럼 느껴진다. 바쁜 일상에서도 여유로움을 찾을 수 있다.

또한 자연과의 직접적 접촉에서 깊은 연결감을 느끼게 된다. 단순히 자연을 감상하는 것이 아니라 자연 속에서 자아의 경계가 사라지는 순간을 경험한다. 예술, 음악, 글쓰기 등에 완전히 몰입할 때나 타인과의 진정한 소통 순간에서도 이런 자연스러운 각성 상태를 경험할 수 있다.

평소에 나와 세상이 대립적이라는 사고에 갇혀 있었다면,

각성 경험을 통해 이제는 모든 것이 하나로 연결되어 있다는 통합적 인식을 갖게 된다. 이는 경쟁과 비교에서 오는 스트레스를 자연스럽게 해소한다.

무엇보다 중요한 것은, 자신의 한계를 있는 그대로 받아들이게 된다는 점이다. AI 시대에 우리는 종종 완벽해야 한다거나 모든 것을 다 할 수 있어야 한다는 압박감에 시달린다. 하지만 존재의 조화로움 속에서는 자신의 한계를 인정하고, 그 안에서 최선을 다하는 것만으로도 충분하다는 평화로운 마음가짐을 갖게 된다.


## 이미 널리 퍼져 있는 깨어남의 중요성

테일러가 말하는 존재의 조화로움에 대해 놀랍게도 동서양의 오랜 지혜 전통들이 비슷한 해답을 제시하고 있다.

불교에서 말하는 '선정(禪定)'은 고요한 가운데 뚜렷이 깨어 있는 것이다. 선정은 단순한 명상 기법이 아니라, 우리 마음을 현재 이 순간에 완전히 집중시켜 과거의 후회나 미래의 불안에서 벗어나게 하는 깊은 정신적 상태다.

실제로 선정을 경험해 본 사람들은 공통적으로 이런 이야기를 한다.

"머릿속이 완전히 조용해졌다. 평소에는 온갖 생각이 쉴 새 없이 떠올랐는데, 그 순간만큼은 완전한 고요함을 느꼈다."

이런 고요한 상태에서 우리는 삶의 본질을 더 명확하게 볼 수 있게 된다.

서구의 심리학도 불교의 지혜에서 영감을 받아 마인드풀니스라는 개념을 발전시켰다. 마인드풀니스는 지금 이 순간 일어나는 일들을 판단하지 않고 있는 그대로 관찰하는 능력을 말한다. 흥미롭게도 수많은 과학적 연구가 마인드풀니스의 효과를 입증하고 있다. 정기적으로 마인드풀니스를 실천하는 사람들은 스트레스 호르몬인 코르티솔 수치가 현저히 낮아지고, 면역력이 향상되며, 우울감과 불안감이 줄어든다는 결과가 나왔다.

특히 AI 시대에 마인드풀니스는 더욱 중요해졌다. 정보 과부하와 멀티 태스킹으로 주의력이 분산되기 쉬운 시대에, 마인드풀니스는 집중력을 회복하고 내면의 안정을 찾는 강력한 도구가 되고 있다.

간단한 마인드풀니스 실습을 해 보자. 하루에 5분만이라도 편안한 자세로 앉아서 호흡에 집중해 보자. 숨이 들어오고 나가는 것을 그저 지켜보기만 하면 된다. 처음에는 온갖 생각이 떠오르겠지만, 그런 생각들을 나쁘다고 판단하지 말고 '아, 생각이 일어났구나' 하고 인정한 다음 다시 호흡으로 돌아오자.

고대 그리스와 로마의 스토아 철학자들도 비슷한 통찰을 제시했다. 그들의 핵심 메시지는 명확하다.

"우리가 통제할 수 없는 것에 에너지를 쓰지 말고, 통제할 수 있는 내면의 태도에 집중하라."

에픽테토스는 이렇게 말했다.

"사람들을 괴롭히는 것은 사건 자체가 아니라, 그 사건에 대한 우리의 해석이다."

이는 현대인에게도 매우 중요한 통찰이다. AI가 일자리를 대체할지도 모른다는 불안감에 시달리는 대신 할 수 있는 것, 즉 새로운 기술을 배우거나 인간만이 할 수 있는 창의적 영역을 개발하는 데 집중하는 것이다.

## 오늘 하루에 감사하기

스토아 철학자들은 또한 감사의 중요성을 강조했다. 마르쿠스 아우렐리우스는 매일 저녁 하루를 되돌아보며 감사할 일을 찾았다고 한다. 현대인도 이를 실천할 수 있다. 잠자리에 들기 전에 '오늘 감사한 일 세 가지'를 떠올려 보자. 아무리 힘들었던 하루라도 작은 감사거리를 찾다 보면, 마음이 평화로워지는 것을 느낄 수 있을 것이다.

현대인이 겪는 휴머니아라는 정신적 장애는 단순한 개인적 문제가 아니다. 이는 AI 시대에 더욱 심화되는 집단적 현상이며, 모두가 함께 극복해야 할 과제다.

휴머니아에서 벗어나는 길은 거창한 깨달음이나 완벽한 수행법에 있지 않다. 오히려 일상의 작은 순간들에서 시작한다.

이런 실천을 통해 우리는 AI가 가져올 변화를 두려워하기보다는, 인간만이 가진 고유한 가치, 즉 의식, 창의성, 연결감, 사랑 등을 더욱 깊이 발견하고 키워 갈 수 있을 것이다.

결국 테일러의 존재의 조화로움, 불교의 선정, 심리학의 마인드풀니스, 스토아 철학의 내면의 자유는 모두 하나의 목표를 향해 흐르고 있다. 바로 현재 순간에 온전히 존재하며, 끊임없는 욕망과 불안으로부터 벗어나는 것이다. 접근하는 방식이나 강조점은 다를지 몰라도, 이들이 추구하는 깨어 있는 삶의 본질은 놀랍도록 일치한다.

휴머니아의 극복은 개인의 해방인 동시에, 인류가 더 건강하고 지혜로운 문명을 만들어 가는 시작점이 될 것이다. 우리 각자가 조용히 실천하는 이 작은 변화들이 모여 언젠가는 세상 전체를 더 평화롭고 의미 있는 곳으로 만들 것이다.

불안은 없애야 할 감정이 아니라,
'지금 여기'로 돌아오라는 신호다.

# 4장

# 딸아, 변화를
# 받아들이는 태도가
# 삶을 바꾼다

가장 현명하게 성장하는 나이, 마흔

# 01

# 시간을 되돌릴 수 없어도
# 괜찮은 이유

### 자유의 시작

 

지금 우리는 인류 역사상 가장 극적인 변화의 한가운데 서 있다. 하나는 AI 혁명이다. 과거 수십 명이 며칠씩 해야 했던 일을 이제 한 사람이 몇 분 만에 끝낼 수 있게 됐다. 일하는 방식이 근본부터 바뀌고 있다.

또 하나는 수명 혁명이다. 30년 전만 해도 한국의 중위 나이는 27세였다. 지금은 47세다. 이것은 단순한 숫자의 변화가 아니다. 의료 기술의 발전, 영양 상태의 개선, 건강에 대한 인식의 변화로 우리는 이전 세대보다 훨씬 더 젊고 활력 있게 살아가고 있다.

이 두 혁명은 서로 다른 영역에서 시작됐지만, 결국 같은 질문을 던진다.

"이 새로운 시대에 어떻게 살 것인가?"

### 40세는 새로운 28세다

100세 시대를 사는 우리의 '실제 나이'는 생물학적 나이에 0.7을 곱한 값이다. 70세는 49세고, 50세는 35세다. 이것은 단순한 계산이 아니라 삶의 가능성을 다시 정의하는 공식이다.

UN의 생애 주기 정의도 이를 뒷받침한다. 중년의 나이대는 이제 40세에서 79세까지를 포괄한다. 80세가 넘어야 비로소 노년으로 분류된다. 미국의 의사이자 사상가인 윌리엄 새들러는 마흔 이후의 30년을 '서드 에이지(Third Age)'라 부른다. 인생의 내리막이 아니라 자기실현의 두 번째 성장기로 보는 것이다.

이제 상상해 보라. 당신이 40세라면, 수명 혁명의 관점에서는 28세다. 28세의 마음과 눈과 열정으로 세상을 다시 바라보는 것이다. 나이 때문에 움츠러들 필요가 없다. 책상 앞이나 냉장고 문에 '28'라는 숫자를 붙여 두라. 그 숫자는 당신의 젊음에 대한 선언이자 새로운 시작에 대한 다짐이다.

## 중년의 한계가 자유의 시작이다

중년의 문턱에 서면 누구나 한계를 느낀다. 체력의 저하, 건강의 변화, 사회적 역할의 축소 그리고 '시간이 유한하다'는 자각. 많은 사람이 이를 위기로 받아들인다. '나는 벌써 마흔인데 이룬 게 뭐가 있나', '이제 시간이 얼마 남지 않았다'라는 생각에 사로잡힌다.

그러나 이 한계야말로 진정한 자유의 시작이다. 한계는 우리를 무너뜨리는 것이 아니라, 오히려 삶의 본질을 선명하게 드러낸다. 더 이상 모든 것을 다 할 수 없다는 깨달음은 역설적으로 진짜 중요한 것이 무엇인지 묻게 만든다.

젊은 시절, 우리는 성취와 성공이라는 외적 잣대를 좇느라 정작 자신이 진정으로 원하는 것이 무엇인지 깊이 물어볼 여유가 없었다. 그러나 중년에 이르러 시간의 유한함을 자각하는 순간, 비로소 우리는 존재 자체의 의미, 관계의 깊이, 삶의 질적인 충만함을 진지하게 마주하게 된다. 한계는 집중을 가능하게 하고, 집중은 깊이를 만든다.

여기서 우리는 시간에 대한 생각을 바꿔야 한다. 고대 그리스 철학자들은 시간의 두 얼굴을 구분했다.

크로노스(Chronos)는 시계로 측정되는 양적 시간이다. 출근 시간, 마감일, 나이와 같이 외부에서 정해진 시간의 틀이다.

우리는 대부분 이 크로노스의 시간 속에서 살아왔다. 자신을 평가할 때도 '몇 살에 무엇을 이뤘나'라는 양적 기준을 사용했다.

카이로스(Kairos)는 의미로 채워지는 질적 시간이다. 하나의 순간이 영원처럼 느껴지는 몰입의 경험, 짧지만 깊이 있는 만남, 순간 속에서 느껴지는 존재의 충만함이 카이로스다.

AI 시대와 수명 혁명의 교차점에서, 중년은 이제 크로노스에서 카이로스로 이동할 수 있다. AI가 우리를 반복적 노동과 시간의 압박에서 해방시키고, 장수가 우리에게 젊음의 시간을 다시 선물하기 때문이다.

카이로스의 시선으로 보면 나이는 단지 숫자다. 한 번의 깊은 대화가 수십 번의 피상적 만남보다 의미 있고, 온전히 몰입한 한 시간이 멍하니 보낸 하루보다 값지다. 중요한 것은 지금 이 순간을 얼마나 깊이, 진심으로 살아가느냐다. 크로노스의 속도에서 한 발 물러나 카이로스의 밀도를 선택하는 것, 그것이 이 시대 중년에게 주어진 새로운 자유다.

## 재창조의 시기, 중년

수명 혁명은 단순히 오래 사는 시대를 의미하지 않는다.

삶을 더 진실하게, 더 온전하게 살아갈 수 있는 두 번째 기회를 뜻한다. 100세 시대의 중년은 단지 오래 사는 인간이 아니라, 더 깊이 사는 인간이어야 한다.

젊은 시절에는 세상의 기대에 부응하고 생존을 위해 달리느라 자신의 진짜 목소리를 듣지 못했을지도 모른다. 그러나 중년에 이르러 우리는 비로소 물을 수 있다.

"나는 누구인가?"

"무엇을 진정으로 원하는가?"

"남은 시간을 어떻게 채워 갈 것인가?"

이 질문들은 두렵기도 하지만, 동시에 해방적이다. 더 이상 타인의 시선이나 사회적 성공의 기준에 자신을 맞출 필요가 없다. 이제는 자신만의 기준과 속도와 방식으로 살아갈 수 있는 자유가 주어진 것이다.

AI 혁명과 수명 혁명의 시대를 사는 중년은 그 어느 세대보다 축복받은 세대다. 이들은 더 이상 인생의 후반전을 준비하는 존재가 아니다. 오히려 새로운 전반전을 다시 시작할 수 있는 세대다. 인생의 정상은 한 번이 아니라 두 번 존재한다. 원하기만 하면 언제든 다시 올 수 있다.

중년은 쇠퇴가 아니라 재창조의 시기다. 인생의 한계를 마주하는 순간이 곧 새로운 가능성의 문턱이다. 중년은 과거를 견뎌 온 시간이 아니라, 새로운 나를 창조할 수 있는 두 번째 젊음의 시간이다.

나이가 많다는 사실에 절망할 시간에
남은 삶의 가치를 깨닫고 진짜 중요한 것에 집중하라.

# 02

# 삶은 불완전하고
# 여전히 인생을 모르겠지만

**성숙의 시간**

독일의 철학자 한스게오르크 가다머는 인간의 삶을 "끝없
는 이해의 여정"으로 보았다. 그에게 이해란 단순히 지식을
쌓는 일이 아니라, 서로 다른 세계가 만나고 부딪히며 새로
운 의미를 만들어 내는 과정이었다. 그는 이를 '지평 융합'이
라 불렀다.

지평이란 세계를 바라보는 나의 시야, 곧 경험과 가치관,
해석이 교차하는 경계다. 젊은 시절의 지평은 또렷하지만 좁
다. 세상을 명확히 나누고, 목표를 향해 직선으로 달린다. 그
러나 중년에 들어서면 삶은 더 이상 단순하지 않다. 자녀 세
대의 가치관은 낯설고, 부모 세대의 전통은 무겁게 다가온

다. 사회는 기술의 속도로 변해 가고, 어제의 상식이 오늘의 구식이 된다. 직장에서 젊은 동료들의 언어를 이해하려 애쓰면서도, 집으로 돌아오면 여전히 부모의 눈빛 속에 '아직도 자식'으로 남는다. 디지털의 냉정함과 아날로그의 온기 사이에서, 과거의 자신과 현재의 자신 사이에서 흔들린다.

## 중년은 새로운 지평을 여는 시기

가다머는 이 혼란을 단순한 위기로 보지 않았다. 오히려 그는 "진정한 이해는 자신의 지평을 타자의 지평과 융합시킬 때 일어난다"고 말했다. 서로 다른 지평이 부딪히는 그 자리에서, 인간의 시야는 넓어지고 깊어진다. 중년의 위기란 좁고 단단했던 '나의 세계'가 무너지는 시기이자, 더 넓은 지평이 열리는 문턱이다.

이 시기에 새롭게 다가오는 또 하나의 지평이 있다. 바로 '시간'이다. '이뤄야 할 것'보다 '이뤄 온 것'이 많아질 때, 시간은 전혀 다른 얼굴을 드러낸다. 젊은 시절에는 오직 앞만 보고 달렸지만, 이제는 멈출 줄 아는 용기를 배운다. '언제까지'보다 '어떻게', '얼마나 오래'보다 '얼마나 깊게'가 중요한 시점. 그것이 중년의 시간이다.

남은 생이 얼마 되지 않았다는 초조함이 몰려올 때마다 나는 스스로에게 묻는다.

"오늘은 얼마나 충만했는가?"

그 질문 앞에서 시간은 나를 자유롭게 한다. 인생은 길이로 평가되지 않는다. 하루라도, 한순간이라도, 그 시간이 깨어 있는 삶이라면 그것은 이미 완전한 인생이다.


## 다른 세계를 포용하는 마음

젊음과 노년, 이상과 현실, 기억과 현재, 디지털과 감성, 즉 서로 다른 세계가 맞부딪히며 새로운 의미를 낳는다. 그것이 인생의 예술이다.

중년은 성취의 끝이 아니라 이해의 확장기다. 경쟁의 시대를 지나 존재의 시대에 들어서는 문턱이다. 가다머의 지평 융합은 이렇게 속삭인다.

"진정한 성숙은 하나의 시각에 머무르지 않고, 서로 다른 세계를 포용할 때 비로소 이뤄진다."

젊은 시절엔 정답을 찾으려 했다면, 이제는 다름을 이해하려 한다. 그것이 인생의 두 번째 탄생이다.

100세 시대의 중년은 쇠퇴의 시작이 아니라 의미의 시작이다. 외적 성공의 크로노스적 시간에서 벗어나 내적 충만의 카이로스적 시간으로 나아가는 전환점. 이 시기에 우리는 비로소 '무엇이 되려는 삶'에서 '존재하는 삶'으로 옮겨 선다. 성공보다 성숙이, 결과보다 관계가, 속도보다 깊이가 소중해지는 순간이다.

삶은 여전히 불완전하고 우리는 여전히 흔들리지만, 그 흔들림 속에서 새로운 빛이 들어온다. 지평은 멀리 있지만, 그 너머로 나아가려는 마음이 있다면 인생은 언제나 새로워질 수 있다. 중년은 그 마음을 품을 수 있는 나이이며, 그때 비로소 우리는 알게 된다. 시간은 흘러가는 것이 아니라 채워가는 것임을.

성숙이란 하나의 시각을 고수하는 것이 아니라,
다름을 품을 수 있을 만큼 시야가 넓어지는 일이다.

# 03

# 마흔의 성장은
# 고요하다

### 단단한 공부

마흔을 넘고 쉰을 바라보는 당신은 지금 많이 지쳐 있을지도 모른다. 회사에서, 가정에서, 관계 속에서 쉼 없이 달려온 20년. 그 무게가 어깨를 짓누르고 있을 수도 있다.

하지만 마흔은 끝이 아니다. 오히려 잠시 멈춰 서서 내가 지금 어디에 있는지 살피고, 진정으로 원하는 방향으로 가고 있는지 성찰해야 하는 소중한 전환점이다.

## 방향이 거리보다 중요하다

골프를 생각해 보자. 많은 사람이 공을 멀리 보내는 것에만 집중한다. 회사에서 더 많은 성과를 내고, 더 높은 효율성을 달성하려고 애쓰는 우리의 모습과 닮았다. 하지만 골프에서 정말 중요한 것은 무엇일까? 바로 올바른 방향이다. 거리가 비록 짧더라도, 정확한 방향으로 공을 보내는 것이 훨씬 더 중요하다.

인생도 마찬가지다. 마흔의 나이는 긴 심호흡을 하며, 내가 진정으로 원하는 삶의 방향으로 가고 있는지 살펴보는 때다. 그리고 필요하다면 단 5도라도 방향을 조정하는 것, 그것이 마흔에 해야 할 가장 중요한 일이다. 멀리 있는 목표에 대한 꿈과 희망을 잃지 않으면서 말이다.

현명한 농부는 쟁기를 계속 쓰지 않는다. 때때로 일을 멈추고 자신의 도구를 정성스럽게 갈아서 사용한다. 그래야 오래, 효과적으로 쓸 수 있기 때문이다. 삶도 마찬가지다. 잠시 멈추고, 무뎌진 쟁기를 새롭게 가는 시간이 필요하다.


## 독수리의 재탄생

독수리는 40년까지도 살 수 있는 강인한 새다. 하지만 긴 생명을 누리기 위해서는 반드시 거쳐야 하는 고통스러운 과정이 있다.

독수리가 산 지 20년쯤 되면, 그 날카롭던 부리는 휘어지며, 발톱은 무뎌지고, 깃털은 두터워져 더 이상 높이 날 수 없게 된다. 이때 독수리는 두 가지 선택을 할 수 있다. 그대로 서서히 죽음을 맞이하거나, 아니면 고통스러운 재탄생의 과정을 선택하는 것이다.

재탄생을 선택한 독수리는 높은 산꼭대기로 날아간다. 그리고 그곳에서 가장 고통스럽지만 가장 아름다운 변화를 시작한다.

독수리는 바위에 부리를 쪼아 대며 스스로 부리를 부순다. 상상할 수 없는 고통이다. 피를 흘리며, 견디고 또 견딘다. 그렇게 몇 달을 기다리면 새로운 부리가 자라난다. 새 부리가 자라나면, 이제 그 부리로 무뎌진 발톱을 하나하나 뽑아낸다. 또다시 엄청난 고통이 찾아온다. 하지만 독수리는 포기하지 않는다. 발톱이 새로 자라나면, 이번엔 두터워진 깃털을 하나하나 뽑아낸다. 이 모든 과정은 약 150일이 걸린다고 한다. 그 긴 시간 동안 독수리는 먹지도 날지도 못한 채, 오직 새로운 탄생을 기다리며 고통을 견딘다.

그리고 마침내 기적이 일어난다. 새로운 부리, 날카로운 발톱, 가벼운 깃털을 가진 독수리가 다시 태어나는 것이다. 이제 독수리는 다시 힘차게 하늘 높이 날아오른다. 그리고 또다시 20년을 젊은 독수리처럼 살아간다.

과학적 사실 여부를 떠나 이 이야기가 전하는 메시지는 명확하다. 진정한 재탄생은 고통 없이는 오지 않는다는 것, 그리고 그 고통을 견뎌 낼 용기가 있다면 우리는 다시 날아오를 수 있다는 것이다.

마흔의 당신도 지금 이 독수리와 같은 순간에 서 있다. 지난 20년간 당신은 열심히 날아왔다. 어쩌면 지금 당신의 날개는 무겁고, 부리는 무뎌져 있을지 모른다. 하지만 마흔은 바로 이 재탄생의 시간이다. 당신의 정신과 영혼이 새롭게 탈바꿈하는 때다.

나의 경우를 말하면 늦게 학위를 마치고 마흔에 교수 생활을 시작했다. 그전까지는 마치 한쪽 날개만 있는 새처럼 아무리 노력해도 땅에서 빙글빙글 도는 느낌이었다. 고통의 시간이었다. 하지만 공부를 끝내고 두 날개를 달았을 때, 비로소 힘차게 창공으로 날아갈 수 있었다. 가장 의욕적이고 힘찬 시간들이었다.

마흔인 당신의 상황은 나보다 훨씬 더 대단하다. 당신은 이미 오랜 직장 생활을 통해 충분히 날 수 있는 능력을 증명했다. 이제 필요한 것은 날개를 새롭게 하고, 더 높이 날아오를 준비를 하는 것뿐이다.

## 삶을 바꿀 새로운 날개: AI와 철학

재충전을 시작하는 당신에게 꼭 권하고 싶은 두 가지 공부가 있다. 하나는 AI 공부이고, 다른 하나는 철학 공부다.

지금 우리는 단순한 AI 시대가 아닌 AI 혁명의 시대를 살고 있다. 새로운 기술이 이미 우리의 생활과 일에 깊숙이 들어와 있다. 동시에 우리는 100세 시대, 수명 혁명의 시대에 살고 있다.

이 시대에 당신의 전공이 무엇이든, AI 엔진을 달아야 한다. AI는 이미 모든 분야의 필수가 됐다. AI 기술이 폭발적으로 발전하면서 인류는 역설적으로 삶과 일의 의미에 대한 인문학적 질문을 던지기 시작했다. 이제는 지식을 쌓고 정답을 찾는 '도구적 역량'보다, AI가 할 수 없는 창의력, 질문하는 능력 그리고 문제를 발견하는 '문화적 세계관'을 갖추는 것이 진정으로 중요한 시대가 되었다.

그러면 어떻게 창의력, 질문하는 능력, 문화적 세계관을 가질 수 있는가? 이에 대한 답은 철학 공부다. 마흔에 뜬금없이 무슨 철학 이야기냐고 생각할 수 있다. 하지만 여기서 말하는 철학 공부는 인문학적 사유를 하는 훈련이다. AI 시대, 기술 혁명의 시대에 AI가 결코 가질 수 없는 것들, 즉 창의력, 공감력, 삶을 뜨겁게 사랑하는 열정을 키우라는 이야기다.

철학 공부는 특정 철학자를 공부하는 것만이 아니다. 자기 성찰, 경제적 독립, 진정한 자아를 찾는 명상과 수행, 이 모든 것이 포함된다.

결국 마흔의 나이는 방향을 제대로 잡는 전환기의 나이고, 재충전의 나이이며, 재도약과 도전의 나이다. 그리고 AI 공부와 철학 공부를 시작할 나이다.

혹시 AI 공부를 시작하기에 마흔이 늦은 나이라고 생각하는가? 절대로 늦지 않았다. 헨리 키신저는 93세에 AI에 관한 공부를 시작해서 2년 만에 책을 출간했다. 93세에도 할 수 있는데, 마흔은 너무나 젊은 나이다.

이제 서 있는 그곳에서 잠시 멈춰 서서 방향을 살피고 쟁기를 갈고 독수리처럼 새로운 날개를 달아야 할 시간이다. 그리고 AI와 철학이라는 두 날개를 달고, 다시 힘차게 창공으로 날아올라야 할 시간이다. 충분히 할 수 있다. 아니, 이미 해 왔다. 더 높이, 더 멀리 날아갈 차례다.

마흔의 공부는 지식을 더하는 일에 그쳐서는 안 된다.
삶을 다시 움직이게 하는 힘을 기르는 공부를 시작하라.

## 04

# 세상을 읽고자 할 때
# 나를 공부할 수 있다

마흔의 질문

얼마 전, 금융학을 가르치는 제자에게서 전화가 왔다. 제자의 목소리에는 피로가 잔뜩 묻어났다.

"교수님, 요즘 정말 막막합니다. 학생들이 제출한 과제의 90퍼센트가 A 수준입니다. 그런데 이게 학생이 쓴 건지, AI가 쓴 건지 구분이 안 됩니다. 평가 기준을 어떻게 세워야 할까요?"

그는 학술 논문 심사도 비슷한 상황이라고 했다. AI가 생성한 논문과 인간이 쓴 논문의 경계가 흐려지면서 학계 전체가 혼란스러워하고 있다는 것이다.

제자의 하소연을 들으며 깨달았다. 이것은 단순히 한 교수의 고민이 아니었다. 우리 시대 전체가 마주한 근본적인 질문이었다. AI가 거의 모든 질문에 답하는 시대, 우리는 무엇을 가르치고, 무엇을 배워야 할까?

## 지식의 종말이 아닌 인간의 재발견

많은 이가 이를 '교육의 위기'라 부른다. 하지만 나는 다르게 본다. 이것은 오히려 '인간의 재발견'을 요구하는 신호다.

요즘 매일같이 쏟아지는 뉴스를 보라. 변호사도, 회계사도, 프로그래머도 AI에 의해 대체될 수 있다는 전망. 마흔 가까이 되어 20년 경력이 하루아침에 무용지물이 될지 모른다는 불안감. 이 두려움은 정당하다. 하지만 그 두려움 속에서 우리가 놓치고 있는 것이 있다.

AI는 정답을 준다. 최적의 마케팅 전략, 효율적인 코드 구조, 완벽한 보고서 작성법. AI는 이 모든 것에 탁월한 답을 제시한다. 그러나 AI는 단 한 가지를 하지 못한다. 자기 자신을 돌아보지 못한다.

"내가 왜 이런 선택을 하는가?"

"이것이 정말 옳은 방향인가?"

"이 일이 나와 세상에 어떤 의미인가?"


AI는 이런 질문을 던지지 않는다. 바로 여기에 인간의 영역이 있다. AI 시대에 우리가 키워야 할 능력은 더 많은 정보를 아는 것이 아니다. 스스로를 아는 능력, 그 오래된 지혜를 되살리는 일이다.


### 나를 관찰하는 힘, 메타 인지

메타 인지라는 말이 거창하게 들리지만, 실은 간단하다. 한 발짝 물러서서 자신을 관찰하는 것이다.

회의 중에 화가 치밀어 오를 때를 떠올려 보자. 어떤 사람은 그 자리에서 목소리를 높인다. 하지만 메타 인지 능력이 있는 사람은 이렇게 생각한다.


'아, 지금 내가 화가 나고 있구나. 왜 화가 났지? 저 말이 내 의견을 무시한다고 느꼈기 때문이야. 여기서 화를 내면 어떻게 될까? 관계가 틀어지고 오히려 내 의견이 묻힐 거야.'

AI는 데이터를 분석하고 패턴을 찾는 데 탁월하다. 팀원이 실수했을 때 AI는 통계적으로 최적의 피드백 문장을 제시할 수 있다. 하지만 그 사람의 표정, 목소리 톤, 최근의 어려움을 종합해서 '지금은 격려가 필요한 순간'이라고 판단하는 것은 오직 인간만 할 수 있다.

자신의 감정과 생각을 관찰하고, 그것이 행동으로 이어지기 전에 한 번 더 선택할 수 있는 능력. 메타 인지는 지식이 아니라 의식의 문제다.

### 무너지지 않는 힘, 회복 탄력성

그런데 메타 인지보다 더 근본적인 것이 있다. 바로 회복 탄력성, 즉 마음의 근육이다.

프로젝트가 무산됐을 때, 승진에서 밀렸을 때, AI가 내 업무의 절반을 대체했을 때. 이런 크고 작은 역경 앞에서 무너지지 않고 다시 일어서는 힘. 이것이야말로 AI 시대의 핵심 능력이다.

헬스장에서 근육을 키우듯 마음의 근육도 단련할 수 있다. 매일 20분, 명상하며 호흡에 집중하는 것만으로도 충분하다. 흔들리는 마음을 관찰하고, 다시 중심으로 돌아오는 연습.

이것이 쌓이면 어떤 위기 앞에서도 "괜찮아, 나는 이걸 견딜 수 있어"라고 말할 수 있는 힘이 생긴다.

AI 시대의 불확실성은 더욱 커질 것이다. 오늘 익힌 기술이 내일 쓸모없어질 수 있다. 이런 환경에서 살아남는 것은 지식이 아니라 마음의 강인함이다. 실패해도 다시 일어설 수 있는 사람, 좌절 속에서도 의미를 찾아내는 사람. AI는 이런 사람의 능력을 대체할 수 없다.

## 답이 없는 곳으로 가는 용기

AI는 이미 수많은 질문에 답을 가지고 있다. '최고의 마케팅 전략은?', '효율적인 조직 운영법은?' 같은 질문에는 AI가 훌륭한 답을 제시한다.

그렇다면 인간은 무엇을 해야 할까? 답이 없는 질문을 던지고, 그곳으로 걸어가야 한다.

'우리 회사가 10년 후에도 존재하려면 어떤 가치를 만들어야 할까?'

'이 제품이 사람들의 삶을 어떻게 의미 있게 만들 수 있을까?'

'나는 어떤 사람으로 기억되고 싶은가?'

이런 질문에는 정답이 없다. 시도하고 실패하고 배우고 다시 시도하는 과정 자체가 답이다. AI 시대는 역설적으로 '생각의 시대'다. 이전에는 정해진 범위 내의 문제를 잘 푸는 것이 중요했다면, 이제는 스스로 문제를 출제하고 새로운 질문을 발견하는 능력이 더 중요해졌다.

마흔이라면 이미 많은 실패를 경험했을 것이다. 그 실패들이 가장 큰 자산이다. 젊은 직원이 새로운 프로젝트를 제안했을 때, "그건 예전에 해 봤는데 안 됐어"라고 차단하는 대신, "그때는 이런 이유로 안 됐는데, 지금은 환경이 다르니 이렇게 접근해 보면 어떨까?"라고 제안할 수 있는 것. 이것이 경험에서 나오는 지혜다.

그렇다면 어디서부터 시작할까? 거창한 계획은 필요 없다.

첫째, 매일 아침 자신을 관찰하라. 커피를 마시며 스스로에게 물어보라.

"오늘 어떤 회의가 있지? 나는 어떤 감정을 느낄까?"

회의가 끝난 후에는 "내가 왜 저렇게 반응했지?"하고 되돌아보라. 이것만으로도 메타 인지는 성장한다.

둘째, 배운 것을 나눠라. 유튜브 영상이든, 사내 세미나든,

후배와의 커피 한잔이든 상관없다. 내가 아는 한 부장은 매주 금요일 오후 30분씩 신입 직원들과 대화하며 그 주를 돌아본다.

"그때 왜 그런 선택을 했어? 다시 한다면?"

가르치는 과정에서 자신도 더 명확하게 깨닫게 된다.
셋째, 불완전한 자신을 인정하라.

"나는 숫자 분석은 약하지만 사람들의 이야기에서 핵심을 찾아내는 건 잘해."

이렇게 자신의 강점과 약점을 솔직히 받아들이는 것. AI 시대에는 모든 걸 잘하려 하기보다, 내가 정말 잘하는 한 가지에 집중하는 것이 더 가치 있다.
전화를 끝내기 전, 나는 제자에게 말했다.

"AI가 강해질수록 우리는 '약해지는 법'을 배워야 하네. 모르는 것을 인정하고, 불완전함 속에서 배우는 용기. 그것이 진정한 리더십이야.

자네가 학생들에게 줄 수 있는 가장 큰 선물은 '지식'이 아니라네. 살아 있는 지성의 태도야. 스스로를 바라볼 줄 아는 눈, 그리고 답이 없어도 걸어가는 마음 말이지.

명상으로 마음을 단단히 하게. 가르침으로 지혜를 나누게. 글로 자신을 성찰하게. 자네 자신이 먼저 그 길을 걷는 모습을 보여 주면, 학생들도 따라올 걸세."

제자는 잠시 침묵하다가 말했다.

"감사합니다, 교수님. 평가 기준을 바꿔야겠습니다. 정답이 아니라 질문을, 결과가 아니라 과정을 평가하는 방식으로요."

## 의미를 만드는 존재

AI는 해답을 준다. 인간은 의미를 준다.

이제 교육의 목표는 '무엇을 아는가'가 아니다. '어떻게 존재할 것인가'다. 직장에서의 생존도 마찬가지다. 얼마나 많이 아느냐가 아니라, 얼마나 깊이 자신을 이해하고 타인과 연결되느냐가 경쟁력이 된다.

AI 시대의 생존력은 기술이 아니라 의식의 깊이에서 온다.

메타 인지로 자신을 관찰하고, 회복 탄력성으로 위기를 견디며, 답 없는 질문을 던지는 용기를 가진 사람. 그런 사람은 어떤 변화 앞에서도 흔들리지 않는다.

AI가 답을 말할 때, 인간은 자신을 묻는다. 이 물음이 사라지지 않는 한 인간의 시대는 결코 끝나지 않을 것이다.

AI는 정답을 만들고 인간은 의미를 만든다.
질문을 잃지 않는 사람만이 끝까지 살아남을 수 있다.

# 05

# 지금 당장 시작할 수 있는 인생 습관

## 사유의 시간

매일 아침, 단데농 산자락을 걷는다. 400년이 넘은 마운틴 애시 원시림 사이로 난 길을 천천히 오르다 보면, 새소리가 들리고 나뭇잎 사이로 햇빛이 쏟아진다. 그 거대한 나무들 앞에 서면 나는 작은 존재가 된다. 하지만 그것은 비하되는 느낌이 아니라, 오히려 큰 자연의 일부가 되는 안도감이다.

어느 날 아침, 원시림 깊은 곳에서 문득 깨달았다. 마흔이 넘어 내게 필요한 것은 더 많은 성취가 아니라 더 깊은 질문이었다.

'나는 누구인가?'

'무엇을 위해 살고 있는가?'

'앞으로 남은 인생을 어떻게 살아야 하는가?'

이 질문들은 걸을 때마다 더 선명해졌다. 그리고 이 걷기가 단순한 운동이 아니라 사유의 시간이라는 것을 알았다.

## 인간 고유의 가치를 높이는 방법

인공지능은 이미 우리 삶 깊숙이 들어와 있다. 회계사든 디자이너든 교사든 이제 AI를 활용하지 않으면 시대에 뒤처진다. AI는 방대한 데이터를 분석하고, 우리가 몇 시간 걸려할 일을 몇 초 만에 해낸다.

하지만 AI가 할 수 없는 영역이 있다. 삶의 의미를 묻는 것, 왜 그것이 중요한지 질문하는 것, 아름다움에 감동하는 것. 바로 이 지점에서 우리는 인간으로서의 고유한 가치를 지켜야 한다. 그리고 그 가치를 키우는 가장 효과적인 방법이 철학 공부와 산책이다.

흥미롭게도 AI와 인간의 학습 방식은 닮았다. AI가 데이터로 학습하듯, 우리는 책을 통해 간접 경험을 쌓는다. 하지만 여기서 멈춰서는 안 된다. 머리로만 하는 공부는 쉽게 관념에 갇힌다. 걷는 동안 그 지식은 내면화되고 나만의 생각으로 발전한다.

고대 그리스부터 철학자들은 걸으며 사유했다. 아리스토텔레스는 제자들과 정원을 걸으며 철학을 논했고, 그의 학파는 '소요학파', 즉 걸어 다니는 학파라 불렸다. 칸트는 매일 오후 3시 30분에 정확히 같은 길을 걸었고, 그 규칙적인 산책을 통해 세 권의 비판서를 구상했다. 니체는 "위대한 생각은 걸으면서 태어난다"라고 말하며 하루 여섯 시간을 걸었다.

왜 이들은 걸으며 생각했을까? 스탠퍼드대학교의 연구에 따르면, 걷기는 창의성을 최대 60퍼센트까지 향상시킨다. 뇌 과학자들은 걷기가 뇌를 각성시키고 혈액 순환을 개선한다고 말한다. 특히 매일 아침 햇빛을 받으며 20분간 걸으면 세로토닌이 충분히 생산되어 행복감이 높아진다.

하지만 산책의 진정한 가치는 과학적 효과를 넘어선다. 프랑스 철학자 가브리엘 마르셀은 인간을 '호모 비아토르', 즉 길을 떠나는 존재라고 정의했다. 여행은 꼭 해외로 가는 것만을 의미하지 않는다. 매일의 산책을 통해서도 우리는 자아를 발견하고 진정한 나로 성장할 수 있다.

## 걷기 명상: 지금 이 순간에 깨어 있기

내가 단데농 산을 걸을 때, 목적은 정상에 도달하는 것이 아니다. 지금 이 순간에 온전히 존재하는 것이다. 발이 땅에 닿는 감각을 느끼고, 주변의 소리와 냄새, 바람이 피부에 닿는 감각을 경험한다. 틱낫한은 "행복은 다음 걸음에 있다"라고 말했다. 미래의 어떤 시점이 아닌, 바로 지금 내딛는 걸음 속에 행복이 있다는 의미다.

400년을 견뎌 온 나무들이 무언으로 들려주는 이야기는 나의 조급함을 달래 준다. 삶의 긴 흐름 속에서 현재의 어려움을 다른 관점에서 바라보게 해 준다.

산책은 디지털 중독과 끊임없는 자극에서 나를 해방시키고, 자신을 돌아볼 소중한 시간을 준다. 소크라테스가 말한 "검토되지 않은 삶은 살 가치가 없다"를 실천하는 것이다.


## 마흔 이후, 산책하는 철학자가 되는 법

산책하는 철학자가 된다는 것은 삶에 대한 태도의 변화를 나타낸다. 빠르게 달려가기만 하던 삶에서, 천천히 걸으며 주변을 돌아보는 삶으로의 전환이다. 효율과 생산성만을 추구하던 삶에서, 의미와 가치를 찾는 삶으로의 이동이다.

세네카는 나이 들수록 자기가 좋아하는 것들을 발견하는 여정이 중요해진다고 말했다. 젊을 때는 성취와 성공에 집중했다면, 마흔이 넘으면 과정 자체를 즐기는 지혜가 생긴다. 산책은 결과가 아니라 과정이다. 어디를 가느냐가 아니라 어떻게 가느냐가 중요하다.

나이가 들수록 건강은 선택이 아니라 필수다. 하지만 산책은 단순히 신체 건강만을 위한 것이 아니다. 정신 건강, 창의성, 삶의 질을 모두 아우르는 통합적 건강이다. 매일 걷는 습관은 몸을 깨우고, 마음을 평온하게 하며, 생각을 명료하게 한다.

하루 30분의 산책, 한 달에 한 권의 철학 책. 이것으로 시작하면 된다. 거창한 계획이나 완벽한 준비는 필요 없다. 그저 문을 열고 나가 걷기 시작하면 된다. 걸으며 생각하고, 생각하며 걷는다.

철학 공부는 우리에게 질문하는 힘을 준다. 산책은 그 질문을 깊이 사유할 시간과 공간을 제공한다. 그 과정에서 AI가 결코 대체할 수 없는 인간만의 고유한 가치를 발견하게 될 것이다.

마흔이 넘었다면, 이제 산책하는 철학자가 되자. 그것이 AI 시대를 살아가는 우리에게 필요한 가장 인간다운 공부이자 가장 건강한 삶의 방식이다. 마흔이 넘으면 우리는 비로소 삶이 속도가 아니라 방향의 문제라는 것을 깨닫는다. 그 방향을 찾는 여정이 바로 지금, 당신의 첫걸음에서 시작된다.

삶이 복잡해질수록 필요한 것은 더 많은 정보가 아니라,
더 깊이 사유할 수 있는 여백이다.

## 06

# 불확실함을 받아들이는
# 용기가 필요하다

### 가치 학습

마흔이 된 당신은 지금 이렇게 생각할지 모른다.

"이제 와서 투자를 시작하기엔 너무 늦은 게 아닐까?"

하지만 진실은 정반대다. 마흔은 투자를 시작하기에 가장
이상적인 시점이다. 인생의 절반을 살아온 당신은 이제 비
로소 무엇이 진짜 중요한지 알기 시작했고, 충동적 결정보다
신중한 판단을 내릴 수 있는 성숙함을 갖췄다. 더 중요한 것
은, 당신 앞에는 아직 40년 이상의 시간이 남아 있다는 사실
이다.

문제는 시작이 늦었다는 것이 아니라, 지금도 시작하지 않는다는 것이다.

많은 사람이 투자와 투기를 혼동한다. 한국인의 평균 주식 보유 기간은 6개월이 채 안 되는 반면, 미국인은 6~7년을 보유한다. 개인 투자자의 경우 평균 보유 기간이 한 달 남짓이라는 통계는 더욱 충격적이다. 이것은 투자가 아니라 투기다.

투기는 시장의 단기 변동을 예측해 빠른 수익을 얻으려는 시도다. 마치 바람의 방향을 붙잡으려는 것과 같다. 반면 투자는 기업의 본질적 가치, 즉 그 기업이 세상에 창출하는 가치에 주목한다.

워런 버핏은 이렇게 말했다.

"10년 이상 보유할 주식이 아니라면 10분도 보유하지 마라."

투자는 씨를 뿌리고 물을 주며 계절을 견디는 일이다. 여름의 열기와 겨울의 한파를 지나야만 비로소 열매를 맺는다.

## 모든 투자의 기초

아무리 뛰어난 투자 이론을 알아도, 시드머니가 없으면 시작조차 할 수 없다. 그리고 시드머니를 만드는 유일한 방법은 소비를 줄이는 것이다.

여기서 핵심은 '쓰고 남으면 투자하자'는 생각을 버리는 것이다. 이 순서로는 평생 시드머니를 모을 수 없다. 올바른 순서는 이렇다. 투자가 먼저고, 소비는 그 다음이다.

매달 월급이 들어오면 수입의 일정 부분(가능하다면 30~50퍼센트)을 '이미 없는 돈'으로 간주하고 즉시 투자 계좌로 이체하라. 지금 당장 갖고 싶은 것을 참고, 친구들의 화려한 소비를 지켜보며 홀로 절제하는 일이 고통스럽다는 것을 나도 안다. 하지만 이 '욕망의 지연(Delay of Gratification)' 없이는 어떤 경제적 자유도 얻을 수 없다.

유대인들은 자녀가 열두 살이 되면 주식이나 채권을 선물하며 이렇게 말한다.

"이제 너는 어른이니, 돈이 너를 위해 일하게 하라."

탈무드의 '돈이 돈을 벌게 하라'는 가르침이다. 소비를 미루는 훈련이야말로 모든 투자의 첫걸음이다.

시드머니가 만 달러라면, 그것이 2만 달러, 5만 달러, 10만 달러로 불어나는 것은 생각보다 빠르다. 이것이 바로 복리의 마법, 스노볼 효과(Snowball Effect)다.

예를 들어 보자. 매달 500달러씩 연평균 8퍼센트 수익률로 30년간 투자하면 원금 18만 달러가 약 75만 달러로 불어난다. 만약 매달 1,000달러를 투자한다면 150만 달러를 만들 수 있다. 이것은 단기적 행운이 아니라 꾸준한 습관과 절제의 결과다.

중요한 것은 매달 정해진 날에 정해진 금액을 투자하는 루틴을 지키는 것이다. 주가가 오르든 떨어지든 상관없이 기계적으로 투자하라. 이를 '정액 분할 매수(Dollar-Cost Averaging)'라고 하는데, 이 방법은 시장 타이밍을 맞추려는 시도보다 훨씬 안정적이고 효과적이다.

### 가치에 집중하면 길이 보인다

오늘날의 금융 시장은 '분기 자본주의'라 불린다. 분기마다 실적이 발표되고, 하루에도 수차례 주가가 등락한다. 기관투자자들조차 단기 성과에 집착하며 근시안적 투자를 일삼는다. 하지만 진정한 가치는 오직 시간 속에서만 자라난다.

그렇다면 무엇에 투자해야 하는가? 답은 간단하다. 세상을 더 나은 곳으로 만드는 기업에 투자하라.

ESG 투자가 주목받는 이유가 여기 있다. 지속가능한 투자가 곧 지속가능한 성장으로 이어진다는 것이 이제 증명되고 있다. 재생에너지, 사회적 책임, 투명한 경영을 실천하는 기업들이 장기적으로 더 나은 성과를 내고 있다. 자본이 윤리와 만날 때, 자본주의는 비로소 인간적인 얼굴을 되찾는다.

단, 모든 투자에는 위험이 따른다. 완벽한 기업은 없다. 중요한 것은 올바른 방향을 향해 꾸준히 걸어가는 것이다. 당신의 투자는 단순히 수익을 얻는 것을 넘어, 당신이 살아갈 세상을 만드는 행위다.

## 삶의 태도를 바꾸는 투자 공부

이제 인생은 100세 시대다. 하지만 대부분 50대 후반에 은퇴한다. 돈을 버는 시간은 짧고, 살아야 할 시간은 길다. AI가 인간의 노동을 빠르게 대체하는 시대에, 노동 소득보다 금융 소득이 더 중요해지고 있다.

일해서 버는 돈에는 한계가 있다. 하루는 24시간이고, 당신의 체력과 시간은 유한하다. 하지만 당신의 돈은 24시간 쉬지 않고 일할 수 있다. 당신이 자는 동안에도, 휴가를 가 있는 동안에도, 돈은 계속 성장한다.

경제적 독립이란 단지 돈을 많이 버는 것이 아니라 삶의 주도권을 되찾는 것이다. 선택할 수 있는 자유, 하고 싶은 일을 할 수 있는 자유, 두려움 없이 살 수 있는 자유를 얻는 것이다.

투자를 '돈의 기술'로만 보는 것은 큰 오해다. 투자는 본질적으로 인격과 인내의 영역이다.

시장의 등락에 흔들리지 않는 침착함, 유혹 앞에서 원칙을 지키는 절제력, 단기적 손실을 견디는 인내심, 미래를 위해 현재를 희생하는 지혜. 이 모든 것이 투자자가 갖춰야 할 덕목이다. 그리고 이것은 인생을 살아가는 데 필요한 덕목과 정확히 일치한다.

투자를 통해 우리는 삶의 태도를 배운다. 즉각적 만족을 미루는 법, 불확실성을 받아들이는 법, 장기적 관점으로 세상을 바라보는 법을 배운다. 투자는 단순히 돈을 불리는 일이 아니라, 미래의 나를 위해 오늘의 나를 절제하는 일이다.

지금이 바로 시작할 때다. 처음에는 어색하고 두렵겠지만 그것은 새로운 시작이 주는 자연스러운 감정이다. 중요한 것은 완벽하게 시작하는 것이 아니라 일단 시작하는 것이다.

다음 월급이 들어오면 당장 투자 계좌를 열고 일정 금액을 이체하라. 복잡한 종목 선택에 고민하지 말고 우선 저비용 인덱스 펀드나 ETF로 시작하라. S&P 500 같은 시장 전체에 투자하는 것도 훌륭한 선택이다.

그리고 매달 같은 날에 같은 금액을 투자하는 루틴을 만들어라. 시장이 오르든 떨어지든 상관없이 기계적으로 투자하라. 단기적 등락에 마음을 빼앗기지 말고 긴 안목으로 세상의 변화를 바라보라.

투자는 하루아침에 당신을 부자로 만들어 주지 않는다. 하지만 10년, 20년, 30년의 시간이 쌓이면, 당신의 인내와 절제가 삶의 가장 아름다운 선율로 울려 퍼질 것이다. 투자도 인생도, 결국은 한 걸음 한 걸음 꾸준히 걸어가는 자만이 목적지에 도착한다.

돈을 다루는 방식을 바꾸면 인생도 바뀐다.
투자는 미래의 나를 믿고 오늘의 나를 절제하는 연습이다.

# 5장

# 딸아, 이제
# 행복할 일만
# 남았다

진정한 행복을 찾아가는 나이, 마흔

# 01

# 마흔, 다시 '행복'에 대해 생각하다

### 진정한 자유

마흔에 이르면 알게 되는 가장 큰 진실이 있다. 행복도 불행도 모두 내가 만드는 것이라는 사실이다. 이 깨달음은 단순한 위로가 아니라 삶을 근본적으로 바꾸는 혁명적 통찰이다.

행복도 내가 만드는 것이네
불행도 내가 만드는 것이네
진실로 그 행복과 불행
다른 사람이 만드는 것 아니네

법륜 스님의 이 말씀은 처음에는 받아들이기 힘들다. 나를 불행하게 만든 까다로운 상사, 이해해 주지 못하는 가족, 예상치 못한 질병이 모두 내 탓이란 말인가? 하지만 이 말은 우리가 외부 사건을 통제할 수 있다는 뜻이 아니다. 그 사건을 어떻게 받아들이고 해석하느냐가 행복과 불행을 만든다는 뜻이다.

젊을 때 우리는 행복을 보물찾기하듯 세상 곳곳에서 원하는 것을 찾아다녔다. 좋은 직장, 완벽한 연인, 아름다운 집, 남들의 인정. 그 모든 것을 손에 넣으면 행복할 거라 믿었다. 30대에는 조금만 더 노력하면, 조금만 더 성취하면 행복이 올 거라고 믿으며 밤늦도록 일하고 자기계발에 매달렸다.

하지만 이상하게도 모든 것을 얻어도 여전히 뭔가 부족했다. 구멍 뚫린 컵에 물을 붓듯, 아무리 채워도 금세 비어 버렸다. 왜 그랬을까? 행복은 외부의 조건이 아니라 내면의 상태였기 때문이다.

### 행복도, 불행도 모두 내가 만든다

돌이켜 보니 그 모든 노력은 내 안의 불안과 결핍감을 메우려는 몸부림이었다. 행복을 만드는 것이 아니라 불행을 피하려는 도피였다. 우리는 너무 오랫동안 행복의 열쇠를 다른 사람에게 맡겨 뒀다. 부모님이 인정해 주면, 배우자가 사랑해 주면, 상사가 칭찬해 주면 행복할 거라고 믿었다. 마치 내 행복의 리모컨을 다른 사람이 쥐고 있는 것처럼 살았다.

하지만 똑같은 비가 내려도 어떤 이는 우울해하고 어떤 이는 낭만을 느낀다. 비 자체가 불행이 아니라, 비를 바라보는 내 마음이 불행을 만드는 것이다. 승진을 해도 행복하지 않을 수 있고, 돈이 없어도 행복할 수 있는 이유가 여기에 있다.

마흔이 되면 고통과 불행을 구별하는 지혜가 생긴다. 질병은 고통이지만 불행은 아니다. 상실은 고통이지만 불행은 아니다. 실패는 고통이지만 불행은 아니다. 고통은 삶이 주는 피할 수 없는 경험이고, 불행은 내가 그 고통을 어떻게 받아들이느냐의 문제다.

출산을 생각해 보자. 의학적으로 아주 강렬한 고통을 겪지만 많은 여성이 그 순간을 '가장 행복한 순간'이라고 말한다. 고통과 행복이 동시에 존재할 수 있다는 것, 이것이 마흔에 깨닫는 삶의 신비다.

프랭클은 나치 수용소에서 극한의 고통을 경험하면서도 이렇게 말했다.


"인간에게서 모든 것을 빼앗아 갈 수 있어도 단 한 가지, 어

떤 상황에서도 자신의 태도를 선택할 자유만은 빼앗아 갈 수
없다."

마흔이 되면 이 말이 깊숙이 와 닿는다. 지금까지 겪어 온
모든 아픔이 사실은 나를 지금의 나로 만든 소중한 경험이었
다는 것을 깨닫는다. 내가 불행했던 건 고통이 있어서가 아
니라, 고통을 적으로 여기고 저항했기 때문이었다.

## 마흔, 진정한 자유와 시작

이러한 깨달음은 책임을 동반한다. 더 이상 '저 사람 때문
에 내가 불행해'라고 할 수 없다. 내 불행의 원인을 외부에서
찾는 순간 나는 희생자가 되고 무력해진다. 하지만 내 불행
을 내가 만든다는 것을 인정하는 순간, 나는 창조자가 되고
자유로워진다. 불행을 만들 수 있다면 행복도 만들 수 있기
때문이다.

아무도 나를 행복하게 만들 수 없다. 그리고 그럴 필요도
없다. 세상에서 가장 사랑하는 사람도 나를 대신해서 행복을
만들어 줄 수 없다. 그들이 줄 수 있는 것은 사랑이고 지혜고
격려지만, 그것을 행복으로 만드는 것은 오롯이 내 몫이다.

이것이 진정한 자유다. 외부 상황에 휘둘리지 않고, 내 안에서 평화를 만들어 내는 힘이다.

결국 마흔이라는 나이가 주는 가장 큰 선물은 바로 이것이다. 행복은 밖에 있지 않고 내 안에 있다는 발견. 법륜 스님께서 말씀하신 그 진리를 머리가 아닌 가슴으로, 이론이 아닌 경험으로 깨닫게 되는 것.

이제는 안다. 내가 불행했던 이유가 행복이 없어서가 아니라, 행복을 다른 곳에서 찾으려 했기 때문이었다는 것을. 행복은 저 멀리 있는 보물이 아니라 내 안에 항상 존재했던 샘물이었다. 다만 내가 밖을 향해 달려가느라 안을 들여다보지 못했을 뿐이다.

마흔의 지혜는 거창하지 않다. 그것은 일상의 평범한 순간들 속에서 빛난다. 그래서 마흔은 아름다운 나이다. 더 이상 행복을 찾아 세상을 헤매지 않아도 되는 나이다. 내 안에 이미 행복의 씨앗이 있다는 것을 아는 나이다. 그 씨앗을 키우는 것도, 꽃피우는 것도 온전히 내 선택이라는 것을 아는 나이다.


마흔에 선 당신에게 말하고 싶다. 이제는 내려놓아도 된다고. 완벽해야 한다는 부담감도, 모든 사람에게 인정받아야 한다는 강박도, 실패하면 안 된다는 두려움도. 행복을 저 멀리서 찾으려는 애씀도, 다른 사람이 나를 행복하게 해 주기를 기다리는 것도 모두 내려놓아도 된다고.

그 모든 것을 내려놓고 지금 여기, 이 순간으로 돌아오라고. 내 안을 들여다보고 그곳에 이미 존재하는 평화와 기쁨의 샘을 발견하라고.

행복은 내가 만드는 것이다. 다른 누구도 나를 대신해서 만들어 줄 수 없다. 이것이 우리에게 주어진 가장 큰 책임이자 동시에 가장 큰 자유다. 어떤 상황에서도 나는 행복을 선택할 수 있다.

행복은 스스로 만드는 것이라는 걸 깨달으면
인생에서 가장 강력한 자유를 얻은 것과 마찬가지다.

## 02

# 무심코 지나친 일상에서 찾은 행복

### 충만함

직장에서 승진하면 행복할까? 연봉이 두 배로 오르면? 더 큰 집으로 이사하면? 우리는 늘 '무언가를 얻으면' 행복할 거라 믿으며 살아간다. 하지만 정작 그것들을 손에 넣고 나면, 행복은 또다시 저 멀리 달아나 있다. 신기루처럼 말이다.

진정한 행복은 돈, 권력, 지위, 명예 같은 외부 조건에 있지 않다. 오히려 우리가 '어떻게 존재하는가'에 달려 있다. 흥미롭게도 행복하고 의미 있는 삶을 위한 다섯 가지 지혜가 모두 영어로 'S'로 시작한다. 이 다섯 가지를 실천하면 '가짐'이 아닌 '됨'의 가치를 깨닫고 존재 자체로 충만한 행복을 경험할 수 있다.

## 용서(Sorry)

해외에서는 사람들끼리 슬쩍 스쳐도 "Sorry"라고 말하는 문화가 있다. 이는 상대방에 대한 섬세한 배려가 생활화된 모습이다. 그런데 우리는 가장 가까운 배우자, 가족에게 오히려 이 말을 인색하게 쓰지는 않는가?

용서는 타인과의 관계에서 자신의 실수를 솔직히 인정하는 태도에서 시작한다. 하지만 여기서 놓치지 말아야 할 것이 있다. 자신이 저지른 실수에 대해 끝없이 자책하고 죄책감에 빠져서는 안 된다는 점이다. 과거의 잘못이라는 덫에 자신을 가두면 안 된다.

용서의 출발점은 타인 용서에 앞서 자기 용서다. 자기 용서는 자기 연민이자 자기 수용이다. 나 자신을 전적으로 받아들일 수 있는 사람은 궁극적으로 나 자신밖에 없다. 이 세상에 하나뿐인 나를 내가 용서하고 사랑하지 않는다면 누가 나를 사랑할까?

자기 사랑으로 자존감을 가진 사람은 자연스럽게 타인 용서도 쉬워진다. 타인 용서는 다른 사람이 끼친 상처를 내려놓고 너그러운 마음을 갖는 것이다. 연민을 느낄 수 있어야 진정한 사랑이 가능해진다. 용서의 마음은 우리 삶의 무거운 짐을 내려놓게 하는 첫 번째 열쇠다.

## 단순하게 사는 삶(Simple Life)

왜 여유롭고 풍요로운 인생을 살지 못할까? 산더미 같은 물건과 복잡한 생각이 삶을 무겁게 만들기 때문이다. 물건, 집, 시간, 관계, 마음까지 우리는 모든 것에 지나친 욕심과 집착으로 단순하게 살지 못한다. 매일 바쁘게 욕망을 채우느라 '느리게 사는 삶'의 즐거움을 잃어버렸다.

자신의 능력에 비해 너무 많은 목표를 품고 있는 것은 아닐까? 목표가 너무 많은 것은 목표가 없는 것과 다를 바 없다. 삶을 단순화할 때, 그 단순함이 결국 모든 복잡함을 이긴다. 단순한 삶은 내면의 평화를 가져오며, 소유의 굴레에서 벗어나 진정한 자아를 발견하게 한다.

단순함은 매 순간 존재 자체로 충만한 삶, 마음의 평화를 누리는 삶으로 우리를 인도한다. 일상의 작은 기쁨을 느끼고, 의미 있는 관계를 맺을 수 있게 한다. 결국 단순함은 진정으로 살아 있음을 느끼게 하는 길이 아닌가?


## 감탄(Surprise)

앤절로는 "인생은 숨을 쉰 횟수가 아니라 숨 막힐 정도로 벅찬 순간을 얼마나 많이 가졌는가로 평가된다"고 말했다.

이 명언은 삶의 질적 가치에 대한 깊은 통찰을 담고 있다. 강렬한 아름다움이나 경이로움을 느낀 순간, 깊은 사랑을 경험한 때, 한계를 뛰어넘어 성취한 순간 등이 바로 삶을 빛나게 하는 순간들이다.

대화에서 자주 감탄하자. 감탄은 소통의 시작이다. 상대방을 수용하고 인정한다는 메시지를 전달한다. 모든 사람은 자신의 이야기를 진심으로 들어주고 공감하기를 바란다. 우리가 관대하게 남을 인정하고 감탄하는 데 인색할 이유가 없다.

또한 자신에게도 감탄할 줄 알아야 한다. 매일의 작은 성취에 스스로 감탄하는 습관은 삶을 더욱 빛나게 한다. 타인의 인정에 의존하는 삶이 아닌, 스스로에게 감탄하는 주체적인 삶의 태도야말로 진정한 행복의 열쇠가 아닌가?


## 부드러움(Sweet)

우리는 사람을 만날 때 학벌이나 지식보다 그 사람의 따뜻함과 부드러움에 끌린다. 이제 AI 시대에는 지식이 많다고 더 이상 매력적이지 않다. 기본적으로 부드럽고 따뜻하고 친절한 사람에게 매력을 느낀다.

특히 마흔을 넘어서면서 깨닫게 된다. 날카로움과 강함으로는 진정한 관계를 만들 수 없다는 것을. 오히려 부드러운 사람 곁에 사람들이 모인다. 부드러움은 약함이 아니라, 자신을 충분히 사랑하고 타인을 배려할 수 있는 여유에서 나오는 강한 힘이다.

법정 스님은 "늙고 병드는 것을 두려워하지 말고 감성이 마모되는 것을 두려워하라"고 말했다. 부드러운 마음을 잃지 않는 것이야말로 삶의 진정한 가치를 지키는 길이다.

세상을 살아가면서 우리는 수많은 상처를 받는다. 그 과정에서 마음이 딱딱하게 굳어지고, 방어적인 태도를 취하고, 냉소적이 되기 쉽다. 하지만 그럴수록 의식적으로 부드러움을 유지하려는 노력이 필요하다. 상처받았다고 해서 타인에게 상처를 주는 사람이 되어서는 안 된다.

노자는 《도덕경》에서 "최상의 선은 물과 같다"고 했다. 물은 부드럽지만 강인하며, 모든 것을 포용하면서도 자신의 본질을 잃지 않는다. 바위도 결국 물에 깎이고, 단단한 땅도 물이 흐르는 길을 만든다.

부드러움은 세상을 변화시키는 가장 강력한 힘이다. 강압과 통제로는 상대의 마음을 얻을 수 없지만, 부드러운 배려와 이해는 가장 완고한 마음도 열 수 있다. 마흔이 넘으면 이기려 하기보다 함께하려는 부드러움을 배워야 한다.

## 미소(Smile)

미소와 웃음은 삶의 윤활유다. 나이 들수록 자주 웃어야 한다. 평균적으로 아이들은 하루에 300~400번 웃는다고 한다. 반면 어른들은 하루 평균 15번도 웃지 않는다. 웃을 일이 점점 줄어드는 어른에게 웃음은 소중한 자산이다.

웃음은 단순히 기분을 좋게 할 뿐만 아니라 몸과 마음에 놀라운 변화를 가져다준다. 웃음은 건강의 보고다. 웃을 때 엔돌핀이 분비되어 스트레스를 줄이고 통증을 완화시킨다. 또한 면역력을 높여 질병에 대한 저항력을 강화하고, 심혈관 건강에도 도움을 준다.

웃음은 삶을 풍요롭고 행복하게 만들어 준다. 오늘부터라도 의식적으로 웃는 습관을 들이자. 우리 모두는 더 많이 웃어야 한다.

## 행복의 문을 여는 열쇠

위에서 말한 다섯 가지 'S'는 행복한 삶으로 이끄는 핵심이다. 이것은 소유가 아닌 존재의 삶으로 나아가기 위한 실천적 지혜다. 우리가 진정으로 원하는 것은 더 많이 '가지는' 것이 아니라 더 충만하게 '존재하는' 것이다.

용서를 통해 과거의 무거운 짐을 내려놓고, 단순한 삶으로 삶의 본질에 집중하며, 감탄을 통해 매 순간의 경이로움을 발견하라. 부드러운 마음으로 자신과 타인을 대하고, 미소와 함께 긍정의 에너지를 나눠라. 이때 소유의 굴레에서 벗어나 존재 자체로 충만한 삶을 살게 된다.

진정한 행복은 외부 조건이 아닌, 우리가 어떻게 존재하는 가에 달려 있다. 이 다섯 가지 'S'를 일상에서 실천함으로써 '가짐'이 아닌 '됨'의 가치를 깨닫고 존재 자체로 충만한 행복을 경험할 수 있다. 매일의 작은 실천이 모여 우리의 삶을 변화시킨다.

존재가 가벼워질수록 삶은 단순해지고,
단순해질수록 행복은 선명해진다.

# 03

# 구름인 줄 알았는데
# 하늘이었다

깨달음

"지금 진실로 행복한가?"

이 질문을 받으면 우리는 잠시 멈칫한다. 돈이 좀 더 있으면, 승진만 하면, 건강만 회복되면 행복할 것 같다고 생각한다. 하지만 그 조건들을 갖춰도 행복은 언제나 다음 모퉁이 너머에 있는 것처럼 느껴진다. 우리는 목적지도 모른 채 무작정 달리는 여행자처럼, 행복이라는 신기루를 쫓아 헤매고 있는 것은 아닐까?

진정한 행복은 외부 조건에서 오는 것이 아니라, 우리 내면에 이미 존재하는 본성이다. 이것이 동서양의 모든 영적 전

통이 공통으로 증언하는 진리이며, 현대를 살아가는 우리가
되찾아야 할 지혜다.

## 행복의 어원이 말해 주는 비밀

행복을 의미하는 영어 단어 'happiness'의 어원은 '발생하다'
는 뜻의 'happen'이다. 이는 행복이 쟁취하거나 획득하는 것
이 아니라, 자연스럽게 발생하는 것임을 암시한다. 고대 그
리스인들은 이를 '에우다이모니아(Eudaimonia)'라고 불렀다.
'조화롭게(eu)'와 '영혼(daimon)'의 합성어인 이 단어는 내재된
신성과 조화로운 상태를 의미한다.

동양에서도 마찬가지다. 한자 '행복(幸福)'에서 '행(幸)'은 원
래 족쇄를 뜻했다. 죄인이 족쇄에서 풀려나는 기쁨, 즉 속박
에서 해방되는 자유가 진정한 행복이라는 의미다. '복(福)'은
제단 앞에서 술독을 들고 기도하는 모습으로, 신과의 연결을
통한 축복을 나타낸다.

동서양을 막론하고, 진정한 행복은 '~만 있으면'이라는 조
건부 행복이 아니다. 그것은 우리 내면의 신성한 본질과 연
결될 때 자연스럽게 드러나는 것이다.

## 구름을 걷으면 본질이 보인다

불교에서는 모든 중생이 이미 부처의 본성을 갖고 있다고 말한다. 다만 번뇌와 무명이 구름처럼 가리고 있을 뿐이라고 한다. 힌두교의 인사법 '나마스테'는 '내 안의 신성이 당신 안의 신성에게 경배드립니다'라는 뜻이다. 예수는 "하나님의 나라는 너희 안에 있다"고 명확히 말했다.

이 모든 전통이 가리키는 것은 하나다. 진정한 행복은 외부에서 얻는 것이 아니라, 우리 존재의 가장 깊은 곳에서 자연스럽게 발현되는 것이다.

그렇다면 왜 우리는 항상 행복하지 않을까? 여기 하늘과 구름의 비유가 있다.

아무리 먹구름이 짙어도 그 위에는 언제나 맑은 하늘이 있다. 폭풍우가 몰아쳐도 하늘 자체는 손상되지 않는다. 중요한 것은 구름이 하늘의 적이 아니라는 점이다. 구름은 하늘 위에 나타나는 자연스러운 현상일 뿐이다.

우리 마음도 마찬가지다. 기쁨이라는 흰 구름, 슬픔이라는 먹구름, 분노라는 천둥번개가 지나간다. 하지만 이 모든 현상을 지켜보는 의식의 공간, 즉 우리의 본성은 하늘처럼 변함없이 맑고 평화롭다.

행복과 불행도 서로 반대가 아니다. 불행은 단지 행복을 잠시 가리는 구름일 뿐이다. 행복은 우리가 획득해야 할 무엇이 아니라, 이미 우리 안에 존재하는 파란 하늘 같은 본성이다.

문제는 우리가 자신을 구름으로 착각한다는 점이다. "나는 화가 났다"고 말하지만, 정확히는 "내 안에서 화라는 구름이 지나가고 있다"고 해야 맞다. 틱낫한은 이렇게 표현했다.

"당신은 폭풍이 아닙니다. 당신은 폭풍을 포용할 수 있는 하늘입니다."

이 깨달음이 진정한 자유의 시작이다. 구름과 자신을 동일시하지 않을 때, 우리는 어떤 내적 날씨와도 평화롭게 공존할 수 있다.

명상은 이 본질을 명료하게 보는 연습이다. 톨레는 말했다.

"당신은 머릿속의 목소리가 아닙니다. 그 목소리를 듣고 있는 의식입니다."

명상을 통해 우리는 생각하는 자와 생각을 지켜보는 자를 구분하게 된다. 지켜보는 자, 즉 순수한 의식 자체가 우리의 참된 본성이다.

지금 이 순간, 잠시 눈을 감고 숨을 깊이 들이마셔 보라. 생각들이 어떻게 떠올랐다가 사라지는지 관찰해 보라. 그 생각들을 지켜보고 있는 고요한 의식의 공간을 느껴 보라. 그 고요함 속에서 당신의 참된 본성이 미소짓고 있다.

진정한 행복은 조건부가 아니다. 어린아이들을 보라. 그들은 특별한 이유 없이도 웃고 뛰고 노래한다. 우리 모두는 이미 완전하다. 부족한 것은 없다. 다만 그 완전함을 가리고 있는 구름들이 있을 뿐이다. 삶의 궁극적 목표는 새로운 무엇을 얻는 것이 아니라 이미 우리 안에 있는 보석을 발견하는 것이다.

진정한 자유는 마음이 어떤 날씨라도
내가 하늘임을 잊지 않는 데서 시작된다.

# 04

# 고통은 피하는 것이 아니라
# 받아들이는 것이다

### 내면의 평화

부처의 미소는 깨달음의 상징이자 내적 평화의 가장 순수한 표현이다. 에픽테토스의 미소는 고통을 초월하는 지혜, 즉 외부 상황에 구애받지 않고 내적 평화를 유지하는 능력을 상징한다. 에픽테토스의 미소는 고난 속에서도 흔들리지 않는 내적 평화를 상징하는 추상적인 이미지나 은유다. 이는 부처의 깨달음의 미소와도 놀랍도록 유사하고 철학적 깊이를 지니고 있다.

서로 다른 문화와 시대, 종교적 배경을 가진 두 위대한 사상가가 놀랍도록 유사한 깨달음의 길을 제시했다. 그들의 공통된 진리는 외부 상황보다 내면의 평화를 중요시한다는 것이다. 진정한 행복은 외부 조건이 아닌 내면의 평화에서 온다고 믿었으며 고통은 우리가 선택하는 태도로 극복할 수 있다고 가르쳤다.

## 고통을 받아들인 후에 만나는 미소

고통은 삶에서 피할 수 없는 요소다. 우리는 질병, 노화, 이별, 실패 등 다양한 형태의 고통을 경험하며 살아간다. 그러나 이 고통에 대응하는 방식은 우리의 선택에 달려 있다. 부처와 에픽테토스는 삶의 불가피한 고통을 인정하면서도 그 고통을 초월하는 길을 제시했다. 그리고 그 길 끝에서 우리는 두 철학자가 지닌 평온한 미소를 발견할 수 있다.

부처와 에픽테토스는 모두 외부 세계가 우리의 행복을 결정할 수 없으며, 오직 우리의 내적 태도만이 진정한 평화를 가져다줄 수 있다고 확신했다. 이는 단순한 철학적 이론이 아니라 실제 삶에서 검증된 실천적 지혜였다.

부처는 인간의 고통이 욕망과 집착에서 비롯된다고 보았다. 우리는 무언가를 얻고자 갈망하며 영원히 지속될 것이라 착각한다. 그러나 모든 것은 변하며 영원한 것은 존재하지 않는다. 이러한 사실을 받아들이지 못하고 집착할 때, 우리는 스스로 고통을 만들어 낸다. 부처의 사성제는 이러한 통찰을 체계적으로 설명한다. 고통은 삶의 본질이며, 그 원인은 갈애와 집착이다. 하지만 집착을 없애면 고통도 소멸되며, 팔정도를 통해 고통에서 벗어날 수 있다는 것이다.

특히 주목할 점은 부처가 고통 자체를 부정하지 않았다는 것이다. 오히려 고통을 삶의 본질로 인정하되 그 고통에 대한 우리의 반응을 바꿈으로써 자유로워질 수 있다고 가르쳤다. 이는 "고통은 불가피하지만, 괴로움은 선택 사항이다"라는 불교의 핵심 통찰로 이어진다. 부처는 또한 무상의 가르침을 통해 모든 것이 변한다는 사실을 깊이 인식할 것을 강조했다. 좋은 일도 영원하지 않고 나쁜 일도 영원하지 않다. 이러한 변화의 법칙을 받아들일 때 현재의 순간에 더욱 깨어 있게 되며 집착에서 벗어날 수 있다.

한편 에픽테토스는 노예 출신이라는 특별한 경험을 겪으며 진정한 자유의 의미를 깊이 깨달았다. 그는 육체적 자유는 빼앗길 수 있지만 정신적 자유는 누구도 침해할 수 없다는 확신을 얻었다. 이러한 통찰은 그의 철학의 핵심이 됐다. 에픽테토스는 "우리가 통제할 수 있는 것과 통제할 수 없는 것을 구분하는 것"이 지혜의 시작이라고 가르쳤다. 통제할 수 있는 것은 우리의 판단, 욕망, 행동 그리고 이에 대한 반응

뿐이다. 반면 다른 사람의 행동, 과거와 미래, 자연 현상, 심지어 우리 자신의 몸까지도 완전히 통제할 수 없는 영역에 속한다.

그의 유명한 격언 "환경이 인간을 만드는 것이 아니라, 환경에 대한 인간의 견해가 인간을 만든다"는 이러한 철학을 잘 보여 준다. 같은 상황이라도 그것을 바라보는 관점에 따라 고통이 될 수도, 성장의 기회가 될 수도 있다는 것이다. 에픽테토스는 또한 '역할 윤리'를 강조했다. 우리는 각자 삶에서 여러 역할을 맡고 있으며, 이러한 역할을 충실히 수행하되 그 결과에 대해서는 집착하지 말라고 가르쳤다. 최선을 다하되 결과는 받아들이는 것, 이것이 스토아적 삶의 태도였다.

## 지금을 깨닫고 다음으로 나아가는 힘

이 두 철학자의 가르침에서 가장 놀라운 점은 그들이 도달한 결론의 일치성이다. 무엇보다도 그들은 모두 현재 순간의 중요성을 강조했다. 부처는 정념(正念)을 통해 현재 순간에 완전히 깨어 있을 것을 가르쳤다. 과거에 대한 후회나 미래에 대한 불안이 아닌, 지금 이 순간의 경험에 온전히 주의를 기울이는 것이다. 에픽테토스 역시 '지금 여기'에 집중할 것을 강조했다. 그는 "오늘을 사는 사람은 내일을 두려워하지 않는다"고 말했다. 현재에 충실할 때, 미래에 대한 불안이나 과거에 대한 집착에서 벗어날 수 있다는 것이다.

또한 두 사상가 모두 내적 평정심을 최고의 경지로 여겼다. 부처는 이를 '열반'이라고 불렀고, 에픽테토스는 '아파테이아'라고 표현했다. 이는 감정이 없는 상태가 아니라, 감정에 휘둘리지 않는 상태를 의미한다. 이러한 평정심은 무관심이나 냉담함과는 다르다. 오히려 상황을 명확히 보고, 적절히 반응할 수 있는 마음의 여유와 자유를 의미한다. 그들은 진정한 용기는 두려움이 없는 것이 아니라, 두려움을 느끼면서도 올바른 행동을 할 수 있는 능력이라고 보았다.

욕망에 대한 관점에서도 두 철학자는 놀라운 유사성을 보인다. 부처는 탐욕을 고통의 근본 원인으로 보았다. 하지만 이는 모든 욕망을 부정하는 것이 아니라, 건전한 욕망과 집착적 욕망을 구분하는 것이었다. 깨달음을 향한 열망이나 자비심 같은 것은 오히려 권장됐다. 에픽테토스 역시 욕망 자체를 부정하지 않았다. 대신 '자연에 따른 삶'을 추구했다. 자연스러운 욕구는 받아들이되, 과도한 욕망이나 통제할 수 없는 것에 대한 갈망은 버려야 한다고 가르쳤다. 그는 "부족함을 느끼지 않는 사람은 가장 부유한 사람이다"라고 말했다.

무엇보다도 두 철학자 모두 현명한 수용의 중요성을 강조했다. 이는 소극적 포기가 아니라, 현실을 정확히 파악한 후의 적극적 수용을 의미한다. 부처는 이를 평등심으로 표현했고, 에픽테토스는 '운명애'라는 개념으로 설명했다. 이러한 수용은 체념적 수동성이 아니라, 상황을 있는 그대로 받아들임으로써 오히려 더 효과적으로 행동할 수 있는 마음의 여유를 만드는 것이다.

## 삶에 찾아오는 두 개의 화살

어려움에 대한 관점에서도 두 철학자는 비슷한 지혜를 보여 준다. 부처는 고통을 '제1의 화살'이라고 했다. 이는 피할 수 없는 것이다. 하지만 그 고통에 대한 우리의 반응인 분노, 절망, 자기 연민은 '제2의 화살'로, 이는 우리가 스스로 쏘는 것이다. 첫 번째 화살은 어쩔 수 없지만 두 번째 화살은 피할 수 있다. 에픽테토스는 모든 어려움을 훈련의 기회로 보았다. 그는 "신이 우리에게 어려움을 주는 것은 우리를 벌하기 위해서가 아니라, 우리를 강하게 만들기 위해서다"라고 말했다. 운동선수가 근육을 키우기 위해 무거운 것을 들어야 하듯 우리도 정신적 근력을 기르기 위해 어려움을 견뎌야 한다는 것이다.

놀랍게도 현대 심리학에서 말하는 회복 탄력성이나 인지 치료의 핵심 원리들은 부처와 에픽테토스의 가르침과 일치한다. 상황 자체가 아니라 그 상황에 대한 우리의 해석과 반응이 감정과 행동을 결정한다는 것이다. 또한 현대의 마음 챙김 운동도 부처의 정념 수행에서 나온 것이며, 스토아 철학의 실천법들은 현대 경영학이나 스포츠 심리학에서도 활용되고 있다.

결국 진정한 행복은 외부 세계의 완벽함에서 오는 것이 아니라 우리의 내면에서 비롯된다. 부처와 에픽테토스는 고통을 있는 그대로 받아들이되 그에 휘둘리지 않는 내적 자유를 가질 것을 가르친다. 그들의 미소는 단순한 만족감이나 일시적 기쁨이 아니다. 그것은 삶의 모든 순간, 기쁨과 슬픔, 성공과 실패, 만남과 이별을 동등하게 받아들일 수 있는 깊은 평화에서 나오는 것이다.

이러한 미소는 우리에게 속삭인다.

"고통은 지나간다. 그리고 그 너머에는 평온이 있다."

이들의 가르침은 단순히 고통을 피하는 방법이 아니라, 고통 속에서도 평온과 지혜를 찾는 법을 알려 준다. 우리가 이러한 삶의 태도를 꾸준히 실천할 때, 비로소 부처와 에픽테토스가 지었던 그 깊고도 평온한 미소의 진정한 의미를 이해할 수 있을 것이다. 그것은 외부 상황에 의존하지 않는 절대적 내적 자유의 표현이며, 모든 인간이 도달할 수 있는 궁극적 행복의 상태인 것이다.

부처와 에픽테토스의 미소는 고통이 사라져서가 아니라,
고통에 휘둘리지 않게 되었을 때 피어났다.

## 05

# 행복해서 감사한 것이 아니라, 감사해서 행복해진다

축복

마흔을 넘으면 주변의 모든 것이 감사로 느껴지지 않는가? 때로는 의식주가 가능하고 건강하게 살아 있다는 것만으로도 고맙다. 지금 내가 살아 있다는 것 자체가 기적이다.

하루에 10만 번 넘게 뛰는 심장, 만 번 이상 반복되는 호흡. 웬만한 기계라면 진작에 고장이 났을 것이다. 그런데 내 심장은 멈추지 않고 내 폐는 쉼 없이 공기를 품는다. 1년이면 3,600만 번을 넘게 뛰는 이 심장이 마흔이 넘도록 멀쩡하다는 것 그 자체만으로도 이미 감사한 일이다.

## 매일이 축복이고 오늘 하루는 선물이다

조선 후기에 사람의 평균 수명은 서른여덟이었다. 그 시대에 태어났다면 나는 이미 한 번은 생을 마쳤을 것이다. 그러니 지금의 나는 다시 태어난 셈이다. 나이 일흔을 넘긴 지금, 나는 세 번째 생을 살고 있다. 이 사실 하나만으로도 기적이고, 매일이 축복이며, 하루하루가 선물이다.

인생을 애달파하지 말자. 온 우주 역사 속에 '나'라는 존재는 단 하나뿐이다. 이 거대한 우주에서 오직 한 사람, 나로 살아 있다는 그 사실 앞에서 스스로에게 놀라워해야 한다. 그것이 바로 '존재의 감사'다. 살아 있다는 것만으로도 충분히 고맙고, 그 자체로 이미 빛나는 일이다.

감사는 삶의 가장 근원적인 긍정의 언어다. 삶에서 받은 모든 것, 즉 사랑, 관계, 기회 그리고 나 자신에게까지 감사할 줄 아는 사람은 이미 행복의 문턱에 서 있는 사람이다. 중세의 영성 신학자 에크하르트는 말했다.

"우리가 드릴 수 있는 유일한 기도는 '감사합니다' 한 마디뿐이다."

## 이미 가진 것을 깨달을 때 달라지는 것

인간은 흔히 신에게 무언가를 달라고 빈다. 자식의 성공, 남편의 승진, 건강과 부. 그러나 그것은 기도라기보다 욕망의 또 다른 얼굴이다.

진정한 기도는 갖지 못한 것을 구하는 것이 아니라, 이미 받은 것을 자각하는 데 있다. 인생의 비극은 고통 속에 있지 않다. 그것은 이미 주어진 것들의 소중함을 깨닫지 못하는 데 있다. 성취를 이뤘을 때조차 그것을 오직 '내 노력의 결과'라 믿는 순간 감사는 마음에서 사라진다. 감사는 그 벽을 허문다. 모든 것은 덧없고 모든 것은 선물이다. 내가 가진 것이 내 것이 아니며 내게 주어진 모든 순간이 잠시 머물다 가는 것임을 알 때, 마음은 비로소 자유로워진다.

얼마 전 선종한 프란치스코 교황은 떠나기 전 이렇게 썼다.

"정말 고맙습니다. 내 삶에 스쳐 간 모든 사람, 모든 인연 그리고 이 아름다운 세상에. 나와 인연을 맺었던 모든 사람이 눈물겹도록 고맙습니다. 돌아보면 이 삶은 감사함으로 가득 찬 기적 같은 여정이었습니다."

그의 마지막 고백은 한 인간이 이를 수 있는 가장 단순하고

도 깊은 깨달음이다. 삶이란 결국 감사의 여행이며, 인간은
그 여정의 순례자일 뿐이다.


## 감사하는 마음은 스스로 키울 수 있다

감사는 단지 감정이 아니다. 그것은 훈련이다. 긍정 심리
학은 감사가 행복의 가장 강력한 원천이라고 말한다. 매일의
삶 속에서 긍정적 정서를 길러 내는 습관, 그것이 감사의 실
천이다. 하루를 마무리하기 전에 그날 고마웠던 일들을 세
가지에서 다섯 가지 정도 기록해 보라.

누군가의 따뜻한 말, 건강한 하루, 가족과 함께한 식사, 햇
살 한 줌 같은 소소한 일들. 감사 일기는 우리의 뇌를 긍정적
경험에 민감하게 만들고, 스트레스를 줄이며, 면역력을 높인
다. 캘리포니아대학교의 로버트 에먼스 교수는 감사 일기를
꾸준히 쓰는 사람들이 그렇지 않은 사람들보다 25퍼센트 더
행복하다는 연구 결과를 발표했다. 감사는 단순한 감정이 아
니라 뇌의 구조를 바꾸는 실질적인 힘이다.

일흔을 넘으며 비로소 깨닫는 것이 있다. 감사는 나이와
함께 깊어진다는 것이다. 젊을 때 우리는 '가질 것'을 좇느라
'이미 가진 것'을 놓친다. 그러나 세월이 흐르면 불안의 목소

리가 잦아들고 감사의 목소리가 커진다. 걷는 것이 감사하다. 아침에 눈을 뜨는 것이 감사하다. 창가로 스며드는 햇빛이 고맙다. 이제 감사는 더 이상 사치스러운 감정이 아니다. 그것은 생을 버티게 하는 마음의 근력이 됐다.

우리는 습관처럼 없는 것에 집중하며 불평한다. 하지만 잠시만 멈춰 생각해 보자. 우리는 이미 수많은 선물을 받고 있다. 감사는 이 모든 것을 다시 보게 해 주는 마음의 렌즈다. 같은 삶이라도 어떤 눈으로 바라보느냐에 따라 세상은 완전히 달라진다.

감사란 무엇인가. 결국 그것은 지혜다. 삶을 있는 그대로 받아들이면서도 그 안에서 빛을 발견하는 힘. 그것이 감사의 본질이다. 감사는 역경을 미화하지 않는다. 오히려 고통 속에서도 여전히 살아 있는 '좋은 것'을 보게 한다. 그 눈을 가진 사람만이 나이 들어도 웃을 수 있고, 떠날 때에도 "정말 고맙습니다"라고 말할 수 있다. 살아 있다는 것만으로도 감사한 이 삶, 그 마음 하나면 충분하다.

이미 받은 것을 알아차릴 때,
인생은 선물이 된다.

에필로그

# 지금 이 순간,
# 깨어 있기

대학에서 강의를 막 시작할 즈음의 일이다. 200명이 넘는 학생들로 가득 찬 대형 강의실은 무척 소란스러웠다. 강의 시작 시간이 되었지만 학생들은 여전히 잡담을 나누거나 스마트폰을 들여다보며 어수선했다. 한참을 기다리다 이렇게 말했다.

"여러분을 보니 지금 몸은 강의실에 있지만, 마음은 이곳에 없네요."

실제로 그랬다. 어떤 학생의 마음은 어제 있었던 일에 붙잡혀 있었고, 누군가는 내일 있을 파티를 상상하고 있었으며, 또 다른 이는 먼 미래에 대한 막연한 걱정으로 불안해하고 있었다. 200개가 넘는 마음들이 저마다의 장소로 뿔뿔이 흩어져 있었다. 학생들에게 물었다.

"지금 이 순간, 여러분은 정말로 여기에 있나요? 아니면 몸만 있고 마음은 다른 곳을 헤매고 있나요?"

나는 학생들에게 까뮈의 《이방인》 이야기를 들려줬다.

"《이방인》의 주인공 뫼르소를 기억하나요? 그는 어머니의 장례식에서도, 연인과 함께 있을 때도, 심지어 살인을 저지르는 순간에도 진정으로 '깨어 있지' 못했습니다. 그는 그저 뜨거운 햇빛에 눈이 부셔서, 땀이 흘러서, 우연히 방아쇠를 당겼다고 말하죠. 마치 자신의 삶을 관객처럼 지켜보기만 하는 사람처럼요."

강의실이 조금 조용해졌다.

"하지만 뫼르소가 진정으로 깨어난 순간이 있었습니다. 바로 사형을 며칠 앞둔 감옥에서였죠. 죽음이라는 절대적 현실 앞에서, 그제야 그는 생의 마지막 순간들을 온전히 느끼기 시작했습니다. 감방 창문으로 스며드는 아침 햇살의 따스함, 복도에서 들려오는 발소리, 빵 냄새, 바람의 감촉…. 이 모든 것이 처음으로 생생하게 다가왔습니다. 아이러니하게도, 그는 삶이 거의 끝나갈 무렵에야 비로소 진정으로 '살아 있음'을 경험한 겁니다."

잠시 숨을 고르고 학생들을 천천히 둘러보며 말했다.

"까뮈는 이렇게 묻고 있는 겁니다. 우리는 죽음을 앞두고서야 비로소 깨어날 것인가, 아니면 지금 이 순간부터 깨어 있을 것인가? 몸과 마음이 현재에 함께 있지 못한 채 살아간다면, 우리는 살아 있는 유령과 다름없지 않을까요?"

강의실이 더욱 고요해졌다. 조용히, 그러나 또렷하게 물었다.

"어떤 교수가 유령들 앞에서 강의하고 싶겠습니까?"

놀랍게도 그 큰 강의실이 순식간에 깊은 정적에 휩싸였다.

200명이 넘는 학생들이 동시에 숨을 죽인 듯했다. 그 짧은 순간, 모두가 '지금, 여기'에 존재하는 경험을 했다. 그들의 눈이 달라졌다. 초점 없이 흐릿하던 시선이 또렷해졌고, 무심하게 반쯤 감겼던 눈꺼풀이 활짝 열렸다. 오랜 잠에서 깨어난 사람들처럼.

그날의 강의는 내 인생에서 가장 생생했던 강의였다. 학생들은 집중했고 질문했고 함께 생각했다. 그들은 더 이상 유령이 아니었다.

강의를 마쳤을 때 학생들이 일어나 기립박수를 쳤다. 그것은 단순히 좋은 강의에 대한 박수가 아니었다. 함께 깨어 있던 그 순간에 대한, 그들 모두가 공유한 생생한 현존에 대한 박수였다.

내가 반짝이던 학생들의 눈을 잊지 못하는 것처럼, 당신도 앞으로 깨어 있는 순간의 생생함을 경험하게 될 것이다. 그리고 그 순간들이 모여 당신의 삶을 풍요롭게 만들 것이다. 세상을, 스스로를, 타인을 깨어 있는 상태에서 바라보고자 이 책을 끝까지 읽은 당신에게 깊은 감사를 전한다.

마흔 이후에 펼쳐질 당신의 모든 날을 응원한다.

흔들리는 딸의 마흔을 붙들어 줄 아버지의 고전 수업

# 마흔의 기쁨과 슬픔

ⓒ 인해욱 2026

**인쇄일** 2026년 2월 10일
**발행일** 2026년 2월 17일

**지은이** 인해욱
**펴낸이** 유경민 노종한
**책임편집** 이소연
**유노북스** 이현정 이소연
**기획마케팅 1팀** 우현권 이상운 **2팀** 최예은 전예원 김민선
**디자인** 남다희 허정수
**기획관리** 차은영
**펴낸곳** 유노콘텐츠그룹 주식회사
**법인등록번호** 110111-8138128
**주소** 서울시 마포구 동교로17안길 51, 유노빌딩 3~5층
**전화** 02-323-7763 **팩스** 02-323-7764 **이메일** info@uknowbooks.com

**ISBN** 979-11-7183-157-9 (03100)